AF192599

YOUCAT

Catequesis dialógica

YOUCAT

Catequesis dialógica

Un concepto innovador para la práctica

LATINOAMÉRICA

verbo divino

YOUCAT
Catequesis dialógica
Un concepto innovador para la práctica

1ª edición, 2024

EDICIÓN ORIGINAL

Título de la edición original alemana: YOUCAT Dialogische Katechese

© 2023 YOUCAT Foundation gemeinnützige GmbH, Königstein/Ts.

El propietario único de la YOUCAT Foundation es la Asociación Pontificia Internacional ACN (AID to the Church in Need [«Ayuda a la Iglesia Necesitada»]), con sede en Königstein im Taunus (Alemania).

Todos los derechos reservados. Tanto el logotipo como el nombre YOUCAT ® son una marca protegida internacionalmente bajo el registro 011929131. El uso de la marca se hace con la aprobación de YOUCAT Foundation.

Dirección y edición del proyecto: Bernhard Meuser
Asistencia al proyecto: Johann Rhee

Diseño de portada, maquetación, ilustración y composición tipográfica:
Alexander von Lengerke, Colonia (Alemania)

DE LA PRESENTE EDICIÓN PARA LATINOAMÉRICA

© De esta edición: Editorial Verbo Divino, 2024.

Traducción al español: Roberto H. Bernet
Adaptación de contenidos: Equipo Bíblico Verbo
Coordinación técnica: María Puy Ruiz de Larramendi

Impresión: GraphyCems, Villatuerta (Navarra)
Depósito legal: NA 531-2024
ISBN: 978-84-1063-008-6
Impreso en España – Printed in Spain

YOUCAT Foundation destina los beneficios obtenidos a través de su labor editorial y mediante donativos recibidos a promover nuevos proyectos de evangelización para jóvenes en todo el mundo. Puedes apoyar el trabajo de YOUCAT Foundation haciendo un donativo: Liga Bank eG, IBAN: DE77 7509 0300 0000 2589 89, BIC: GENODEF1M05

Índice

Introducción

El *Catecismo joven YOUCAT* existe desde 2011, cuando el papa Benedicto lo hizo distribuir a los jóvenes durante la Jornada Mundial de la Juventud en Madrid. El libro, en el que por primera vez se dio participación a jóvenes católicos en la transmisión de la fe, es hoy en todo el mundo un elemento decisivo para interpelar y entusiasmar a los jóvenes por la fe católica. Lo que los Padres conciliares esperaban en la constitución *Lumen gentium* para la renovación de la Iglesia y lo que el papa Francisco subrayó nuevamente de manera decisiva en *Evangelii gaudium* sigue dándose en YOUCAT hasta el día de hoy: personas jóvenes dejan que se encienda en ellas la llama de la fe y se convierten en discípulos misioneros que reconocen su propia responsabilidad en la transmisión de esa fe.

Desde 2011, el librito amarillo, surgido por sugerencia del cardenal Christoph Schönborn, se vio complementado por otras obras, entre ellas la *Y-Biblia*, el *DOCAT*, el *YOUCAT para la infancia*, etc. Actualmente está en preparación un libro con el que se podrá preparar a jóvenes para el matrimonio. Al mismo tiempo, expertos en catequesis de distintos países de África, América Latina y Asia elaboran bajo la dirección de la Fundación YOUCAT un catecismo elemental, el *YOUCAT Básico*.

En el curso de ese trabajo surgió una fascinante red de jóvenes católicos comprometidos con la nueva evangelización. Ellos han fundado nuevos grupos de jóvenes para vincularse profundamente con Jesús y con la Iglesia. Su deseo es dar un testimonio luminoso de la fe. Sacerdotes y obispos han visto su compromiso misionero y han reconocido que ahora su propio anuncio de la fe se ve complementado desde las bases. En este contexto se han realizado nuevas experiencias de catequesis que han sido objeto de reflexión de forma reiterada también con Roma, en particular por parte del Dicasterio para la Evangelización.

El presente manual quiere señalarles a los responsables de la catequesis un camino nuevo —el camino de la «catequesis dialógica»—, resultado de las experiencias realizadas en muchos países y que, en el fondo, no hace más que retomar aquello que ya está arraigado en la práctica del fructífero movimiento de la nueva evangelización. El manual asocia un nuevo enfoque teórico con dos programas de aprendizaje totalmente prácticos que han podido ser sometidos a prueba en la inmediatez de la propia pastoral:

▶ **YOUNG MISSIO** es un plan de formación para jóvenes católicos que quieran comprometerse como catequistas y, de ese modo, una respuesta a la exigencia formulada por el Papa en su *motu proprio Antiquum ministerium*. Con YOUCAT ellos crecen en el conocimiento de su fe y en el amor profundo a ella. De ese modo se los capacita para apoyar exitosamente a los sacerdotes y a otros agentes titulares de la catequesis.

▶ *Train the Trainer* **(TTT)** es un curso de una semana para catequistas y sacerdotes que quieran aprender cómo puede lograrse la transmisión de la fe a través del diálogo con la generación joven y situándose a su misma altura.

Aparte de ello, se ofrecen algunas herramientas prácticas que han demostrado su utilidad para la catequesis en varios países.

Este manual fue redactado con el apoyo de la obra pontificia Ayuda a la Iglesia Necesitada. Esta obra pontificia y YOUCAT comparten el deseo de responder a las necesidades específicas de la Iglesia universal. Una necesidad central es la transmisión de la fe a las siguientes generaciones: a ella da respuesta este manual.

Por la Fundación YOUCAT
Theresia Theuke y Bernhard Meuser

Prefacio

por S. E. Mons. Franz-Peter Tebartz-van Elst

El presente manual titulado *Catequesis dialógica* retoma lo que en el capítulo cuarto del nuevo Directorio para la Catequesis (2020) se indica como la tarea prioritaria en la transmisión de la fe y realiza de forma ejemplar lo que se exige como condición para una comunicación fecunda de la fe: «Dado que es necesario formar catequistas para la evangelización en el mundo actual, será necesario armonizar con sabiduría la debida atención a las personas y a las verdades de la fe, al crecimiento personal y a la dimensión comunitaria, a los dinamismos espirituales y a la preocupación por el bien común»[1].

Lo constitutivo de esta coherencia se explica mediante criterios particulares, entre los cuales se describe concretamente la esencia de una catequesis dialógica: «Se trata de formar a los catequistas para que puedan impartir no solo una enseñanza sino una formación cristiana integral, desarrollando tareas de "iniciación, de educación y de enseñanza". Se necesitan catequistas que sean, a un tiempo, maestros, educadores y testigos»[2].

La catequesis dialógica procura alcanzar esa coincidencia intentando comprender las situaciones de la vida a la luz de la fe (procedimiento inductivo) y, al mismo tiempo, se esfuerza en el contenido por la consolidación de la identidad cristiana (procedimiento deductivo). Al plasmar ese proceso en forma dialógica, la fe cristiana y eclesial se transmite en su relevancia para la vida y se la preserva de ser impuesta como mera «fe proposicional».

En tal horizonte, el manual es una escuela del lenguaje de la fe que convierte a los catequistas en testigos. Ahora bien,

la Palabra como acto fundamental de evangelización
solo adquiere su relevancia catequética cuando identi-
fica en el credo de la Iglesia contenidos concretos como
condensación lingüística que asume y a la vez trasciende
las experiencias subjetivas individuales. De ese modo, la
catequesis dialógica se convierte en un «refugio noctur-
no de la fe» (Nelly Sachs) en el cual los creyentes individuales hallan cobijo en la fe de la Iglesia en medio de las
tormentas y tempestades de la vida.

En su *motu proprio Antiquum ministerium*, de mayo
de 2021, el papa Francisco ha puesto de relieve este
enfoque dialógico como aquella forma de catequesis
que sitúa el kerigma de la fe en el centro de la vida.
Este manual quiere apoyar la iniciativa del Papa de dar
nueva vitalidad al ministerio del catequista en la Iglesia.
De ese modo, la «catequesis dialógica» se convierte en
aquello que el Directorio para la Catequesis denomina
«perspectiva de la *docibilitas* y la autoformación»[3]. En
tal sentido, es de desear que, a través de esta publica-
ción, los catequistas se dejen alcanzar por la realidad de
la vida *(docibilitas)* y se comprendan a sí mismos como
acompañantes en la fe de los demás *(autoformación)*,
algo que tendrá, a su vez, un efecto alentador en su
propia vida de fe.

Roma, 25 de marzo de 2023
Mons. Franz-Peter Tebartz-van Elst
Delegado para la catequesis
Dicasterio para la Evangelización

¿Cómo se logra
la transmisión de la fe
en la era del discipulado
misionero?

Parte

01

El camino
de la catequesis
dialógica

Dialógica

Catequesis

PÁGINAS 12–55

La escucha corresponde
al estilo humilde de Dios.
Papa Francisco

1. ¿Qué significa la palabra *catequesis*?

La palabra *catequesis* proviene del griego *katēcheîn*. En ella resuena la palabra *eco*. Y, efectivamente, todo comienza con un eco, una «resonancia». En la fe nos llega algo que los seres humanos no podemos extraer de nosotros mismos, es decir, una «revelación» o, como se dice desde Karl Rahner, una «autocomunicación de Dios».

La imagen tomada de la acústica nos lleva inmediatamente a lo profundo de la catequesis. **La fe nace de la escucha** (Rom 10,17), es resonancia, eco de un mensaje de alegría. La catequesis cuida de que en el corazón de la persona, así como en la comunidad de los creyentes, resuene de forma sostenida y duradera algo en lo que se modifican los augurios respecto del mundo: el mundo no está perdido. Dios es fiel; en la encarnación de su Hijo él hace que aquel «muy bueno» (Gn 1,18) del libro del Génesis se verifique por segunda vez: el mensaje pascual de la redención del pecado y de la muerte está en el mundo. Y ese mensaje concierne a mi biografía, es mi oportunidad de vida.

Como joven catequista mi tarea es llevarles a los jóvenes de forma diferente y a través de medios modernos el mensaje de Dios, de modo que el eco se suscite también en ellos —tal vez en un momento en el que no lo esperan—. Nuestra tarea es ser un eco. No tenemos que ser ruidosos, sino estar ahí.

Maria Francis, India

2. La catequesis desde Jesús

La historia de la catequesis comienza con el mismo Jesús, el **arquetipo y el primero entre todos los catequistas**. Jesús es todo él comunicación: «Para esto he nacido y he venido al mundo: para dar testimonio de la verdad» (Jn 18,37). Jesús es portador de un mensaje que concierne a todo ser humano: «Yo soy la luz, y he venido al mundo para que todo el que crea en mí no permanezca en las tinieblas» (Jn 12,46). Jesús requiere oídos abiertos por parte de sus oyentes: «Tienen oídos y no oyen» (Mc 8,18).

«El que tenga oídos, que oiga» (Mt 13,9). El requerimiento de Jesús no queda sin escucha: se producen iluminaciones, conversiones, cambios de vida, pero también ignorancia, malentendidos, apartamientos y traición: «Les tocamos la flauta y ustedes no bailaron» (Mt 11,17).

Jesús fue catequista no solamente porque enseñó, sino porque unió a las personas consigo de una forma inimaginable: al final, incluso de forma «corporal». **Jesús en persona** es la luz verdadera (Jn 1,9), la verdad, la vida y también **el camino** (Jn 14,6) **que conduce hacia lo alto (katêcheîn)**, de donde proviene lo que salva. Jesucristo es todo lo que Dios tiene para comunicarnos; él es *medio* y *mensaje* en una persona. Es el comunicador perfecto: «Por la "encarnación" se revistió de la semejanza de aquellos que después iban a recibir su mensaje, proclamado tanto con palabras como con su vida entera»[4]. En él se abre el camino de todos los caminos: la salida de la zona de muerte, el camino de la comunidad caída hacia el Padre, hacia el cielo, que comienza en la tierra y no termina más. Por su cruz y su resurrección ha de pasar quien quiera escapar de la muerte y encontrar la vida. «No existe bajo el cielo otro Nombre dado a los hombres por el cual podamos salvarnos» (Hch 4,12). En el *sí* o *no* a Jesús se decide todo.

En Filipinas también sufrimos la «dicotomía de fe y vida cotidiana». Muchos son católicos solamente de nombre; otros van los domingos a misa, pero apenas viven su fe en el resto de la semana.

Glenn Magpusao, Filipinas

La catequesis existe porque existe una formación de sus colaboradores por parte de Jesús y porque él da una **misión explícita[5] a sus discípulos**: «Vayan, entonces, y hagan que todos los pueblos sean mis discípulos, bautizándolos en el nombre del Padre y del Hijo y del Espíritu Santo, y enseñándoles a cumplir todo lo que yo les he mandado» (Mt 28,19-20). La misión se compone de cuatro imperativos: «Vayan»… «hagan discípulos»… «bauticen»… «enseñen».

¡VAYAN...!
¡HAGAN...!
¡BAUTICEN...!
¡ENSEÑEN...!

En esta **cuádruple fórmula originaria** está ya contenido todo lo que está redescubriendo actualmente una **catequesis moderna en el horizonte de la nueva evangelización**:

1. La **obligación moral** que debe cumplir la Iglesia de ponerse en camino hacia las personas;
2. la **meta catequética**, que no puede ser ya el «católico practicante», sino que tiene que ser el «discípulo misionero»[6];
3. la **significación del bautismo** como nueva alianza en la sangre de Cristo e integración sacramental en el misterio de su cuerpo;
4. y, por último, la necesidad de una **integración existencial, pero también doctrinal** en la «vida nueva» con Cristo y con la comunidad de los cristianos.

3. Del catecumenado a la educación religiosa

En el eco de Jesús creció la Iglesia de Pentecostés y, con ella, el número de los que querían recibir el bautismo. Comienza la fascinante historia de una Iglesia del catecumenado. El que quería convertirse en cristiano no llegaba a serlo a través de un rápido acto administrativo o de un ritual exterior. Los catecúmenos (los candidatos al bautismo) pasaban por una escuela de lentitud que se extendía a menudo a lo largo de años. No recibían solamente doctrina («catequesis bautismales»), sino que se los iniciaba paso a paso en los misterios de la fe: de alguna manera se los iba preparando, «entrenando» y, a través de profesiones y actos de asentimiento de fe, podían acercarse progresivamente. En su acercamiento a la Iglesia debían despedirse existencialmente de la «vana conducta heredada de sus padres» (1 Pe 1,18). Solo entonces podían darse cuenta de que ser cristiano era un encuentro personal; solo entonces se encontraban en el bautismo con la realidad pascual de Cristo. La catequesis era un proceso integral que transformaba la vida; se era introducido sacramentalmente en una Iglesia que no había abandonado aún la reivindicación de ser una «nueva criatura» (Gal 6,15).

En la era posconstantiniana, los cambios dramáticos de vida por los que se llegaba a la fe decrecieron. Por regla general, se llegaba a ser cristiano por el hecho de haber nacido en una familia cristiana. La catequesis se convirtió en un proceso de transmisión convencional y pasó a ser cada vez más **parte de la educación normal**.

Ahora bien, *katēcheîn* puede traducirse realmente como «educar», como «formar» o, simplemente, como «enseñar». El catecumenado como proceso de integración global en la fe dio paso a un **tipo de catequesis en forma de acto monológico frontal** que daba lugar a todo tipo de malentendidos y que, no raras veces, desembocaba en puro adoctrinamiento, en el cual se transmitía con tanta mayor presión una información poco verificable. Se impartía así «enseñanza» en una asignatura con un temario especial.

La catequesis es una iniciación en una amistad con Cristo. Es un proceso de transformación y una conversión que se prolonga a lo largo de toda la vida a fin de convertirse en un discípulo misionero.

Hna. Constance FMA, Zambia

Los destinatarios eran sobre todo niños a los que, en un punto determinado de su biografía religiosa, se ponía en conocimiento de las cosas de la fe. En un ulterior angostamiento a causa de la Contrarreforma, eso significó que los que recibían la enseñanza cristiana debían sobre todo adquirir una comprensión de la verdadera fe eucarística, ser capaces de recitar de memoria las oraciones fundamentales, los diez mandamientos y los cinco preceptos de la Iglesia, recibir los sacramentos y ser exhortados al cumplimiento del precepto dominical.

El efecto de la enseñanza consistía en la formación del «católico practicante».

4. La catequesis es más que enseñanza

El Vaticano II describió a la Iglesia como comunidad, como cuerpo de Cristo, como luz de las naciones. Una nueva visión de la Iglesia y de la liturgia exige también cambios en la catequesis, que debe ser dialógica, horizontal, participativa, llena de interacción y de testimonio. Tenemos que alejarnos de una catequesis que practicaba una suerte de **técnica religiosa** y que traducía la realidad de la fe a materia de conocimiento. Eso condujo a **una serie de alienaciones** de una catequesis auténtica y eficaz:

La catequesis como enseñanza llevó a una

errónea objetivación de la fe, como si, concebida de forma abstracta y dividida en porciones como bocados, pudiese ser transmitida de forma objetiva al modo como se transmiten las leyes de la física. Sin embargo, la fe no puede transmitirse sin estar uno mismo en la fe, sin «arder» uno mismo. La transmisión de la fe requiere en primer término al testigo y solo después al maestro. «El hombre contemporáneo escucha más a gusto a los que dan testimonio que a los que enseñan o, si escuchan a los que enseñan, es porque dan testimonio»[7]. El testimonio genera convicción.

Muchas veces, la catequesis impulsó una

reducción de la fe a conceptos y valores; se olvidó el misterio. El hecho de que Dios es misterio y de que sigue siéndolo en su revelación —es decir, que es insondable en su amor— exige, a su vez, respeto, oración en actitud de escucha y amor para percibir aquello que trasciende todo concepto[8].

No raras veces, los que recibían la enseñanza sobre la fe se vieron sobreexigidos

por una catequesis carente de un primer anuncio[9]. Sin que esté dada una fe por lo menos inicial, la catequesis y, en general, la teología quedan en el aire.

La idea de una «enseñanza» condujo casi necesariamente a una **intelectualización de la fe** y a un programa de instrucción, como si la catequesis fuese un ejercicio del ámbito de la cabeza y consistiese esencialmente en actos cognitivos de aprendizaje. En realidad, en la catequesis se trata menos del aprendizaje de textos y de instrucciones que del conocimiento de una persona[10]. La catequesis sirve ante todo para iniciar una relación duradera con Jesucristo[11], que está vivo y presente en la Iglesia. Como resultado de una relación personal con Jesús se vuelven también determinantes el contenido y las intenciones de su mensaje, pero nunca como adquisición de un contenido carente de tal referencia personal.

La catequesis es como jugar al fútbol: las reglas del juego tienen que estar claras, pero jugar según las reglas es más que explicar las reglas.

Thomas Möllenbeck, Alemania

La catequesis como información

se queda a medio camino cuando no se convierte en formación y en integración, cuando no comprueba su valor como iniciación[12] acompañada en una «nueva vida». La pregunta no es «¿Cómo aprendo el cristianismo?», sino más bien «¿Cómo llego al punto en el que diga: "soy un cristiano. Esa es mi identidad"». Así, la persona entera ha de sentirse aceptada, con la historia que ha vivido hasta ese momento, para que el espíritu y el corazón se pongan en movimiento. La identidad de un ser humano que quiere convertirse en cristiano no crece en una subjetividad aislada, sino en el ambiente vital de cristianos creíbles que, junto con él, recorren un camino abierto hacia lo alto que produce un cambio en todos los participantes y los conduce más profundamente a la cercanía de Jesús.

La voluntad de Dios ya no es para mí algo extraño que los mandamientos me imponen desde fuera, sino que es mi propia voluntad, habiendo experimentado que Dios está más dentro de mí que lo más íntimo mío. Crece, entonces, el abandono en Dios y Dios es nuestra alegría.

Papa Benedicto XVI

Muchas veces se dio una

clericalización de la catequesis.

La Iglesia tiene un «magisterio». Ese magisterio tiene el deber apostólico de conservar la sana doctrina (2 Tim 4,3) y ofrece una catequesis auténtica. Pero no existe una división del trabajo que libere a los laicos de la tarea de la transmisión de la fe (como si unos estuviesen destinados a enseñar y los otros a escuchar). El foco de *Evangelii gaudium* está puesto en la vocación misionera de todos: «Yo soy una misión en esta tierra, y para eso estoy en este mundo»[13]. La transmisión de la fe es tarea de todos. Tal transmisión se produce

como un «rebose santo» de todo pueblo de Dios de una generación a la siguiente: «Los discípulos misioneros acompañan a los discípulos misioneros»[14]. Los padres que han entendido 1 Pe 3,15 («Estén siempre dispuestos a defenderse delante de cualquiera que les pida razón de la esperanza que ustedes tienen») brindan a sus hijos no solamente el primer anuncio, sino que, de manera obvia —y tal vez en formas rudimentarias—, les dan también catequesis.

Como sacerdote desearía que todos los cristianos fuesen catequistas y no esperaran que los de arriba dispusieran las cosas. Pero desearía también que todos los obispos apoyaran la catequesis, puesto que esta ayuda realmente a los jóvenes y los acerca a la Iglesia. En efecto, catequesis significa que los jóvenes pueden llegar a ser santos reconociendo su verdadera vocación por parte de Jesús, el verdadero Dios y maestro.

Benny Suwito, Indonesia

Las formas estándar de la catequesis ignoraban **que la integración en la fe requiere tiempo y un proceso:** formas de ejercitación y de iniciación como las practicadas por los cristianos de la Antigüedad en el catecumenado[15]. La pregunta que se plantea es: ¿cómo puede ponerse en relación una biografía concreta con realidades propias del Espíritu? ¿Cómo puede la venida de Dios ser contemplada tan profundamente para que una persona elija a Jesús y tome la decisión de vida por él? Con tranquilidad y sin presiones hay que aclarar las preguntas y madurar las convicciones a fin de que puedan producirse actos libres de asentimiento a las invitaciones de Dios.

Otra actitud errónea consistía en una **jerarquización de la transmisión de la fe,** como si la catequesis fuese una comunicación de sentido único, una proclamación puramente monológica, oficial, dictada desde arriba hacia abajo por los poseedores de la fe hacia sus receptores, que nada saben. Por el contrario, el don del Espíritu Santo tiene por destinatarios a todos, como ya lo captó bellamente la Regla de san Benito cuando el padre del monacato dice: «Hemos dicho que todos sean llamados a consejo porque muchas veces el Señor revela al más joven lo que es mejor»[16]. Allí se pone de manifiesto una auténtica sinodalidad en la escucha común de la Palabra de Dios. La catequesis ha quedado en muchas partes sin frutos porque se la experimentó como autoritaria, porque a menudo no había correspondencia con la credibilidad de los que la dictaban, porque no desarrolló el auténtico dinamismo de todos y porque, demasiado a menudo, no entró en contacto con las verdaderas preguntas de los oyentes.

Por el contrario, el papa Francisco dice: «En virtud del bautismo recibido, cada miembro del pueblo de Dios se ha convertido en discípulo misionero (cf. Mt 28,19). Cada uno de los bautizados, cualquiera que sea su función en la Iglesia y el grado de ilustración de su fe, es un agente evangelizador, y sería inadecuado pensar en un esquema de evangelización llevado adelante por actores calificados donde el resto del pueblo fiel sea solo receptivo de sus acciones»[17].

En Brasil muchos catequistas de niños procuran adaptar la inspiración bíblica y la catecumenal reproduciendo de forma análoga los cuatro pasos del Ritual de la Iniciación Cristiana de Adultos, fomentando así una catequesis iniciática, mistagógica y misionera.

Darlei Zanon, Brasil

Una catequesis como la que se desarrolló después del Concilio Vaticano II operó a menudo también con **filtros antropológicos.** En un esfuerzo por establecer correlación[18], se solían filtrar de la revelación aquellos aspectos que van al encuentro del ser humano como promesa de Dios y se relegaba a un segundo plano lo que cuestionaba las rutinas humanas. De ese modo se llegó a formulaciones como la siguiente: «La meta suprema de la acción catequética consiste en ayudar al ser humano a que su vida resulte lograda respondiendo a la promesa y a las exigencias de Dios»[19]. Sin embargo, la catequesis tiene que partir de una captación sin filtros de la revelación de Dios tal como se presenta en la Escritura y la Tradición y no debe quedar condicionada por un enmarcamiento antropológico. La catequesis solo es una ayuda para la vida cuando el ser humano llega a verse de una forma nueva a la luz de la revelación y, tocado por el amor de Dios, no le pone a Dios condición alguna para su actuar.

Por último, la concentración de la catequesis en la enseñanza fomentó **una errónea individualización de la fe.** Sin embargo, y como enfatiza el Concilio Vaticano II, convertirse en cristiano no es un asunto privado entre el individuo y Dios. Ciertamente la catequesis hace posible el sí individual y autónomo a Jesús y a la fe de la Iglesia: a fin de cuentas, es así como se llega a ser sujeto de la propia fe. Al mismo tiempo, sin embargo, convertirse en cristiano significa también ser desposeído de sí mismo, dejarse insertar en la forma social de Cristo, la Iglesia. La catequesis es eclesial, introduce en la Iglesia y en los sacramentos, o no es católica.

El carácter fundamental de la catequesis se pierde si se entiende simplemente como una enseñanza del ministerio pastoral o como la preparación de material educativo religioso que resulte cautivador.

La catequesis es un acto generador primordial de la Iglesia; es el proceso en el cual la Iglesia, bajo la acción del Espíritu Santo, se reencuentra a sí misma en la salvación de generación en generación y se coloca en el seguimiento de Cristo.

5. Del primer anuncio a la catequesis

La catequesis no comienza de cero. Es un **proceso que tiene por presupuesto el anuncio —el kerigma—**. «La relación con Jesús y el anuncio de su Evangelio al mundo entero: [...] ¡Esto es lo esencial!»[20], enfatiza siempre de nuevo el papa Francisco. De hecho, ya Pablo veía en el anuncio o la «predicación» la primera tarea de la Iglesia: «¡Ay de mí si no predicara el Evangelio» (1 Cor 9,16). La palabra griega *kérygma*, que aparece ya en el Nuevo Testamento para designar la difusión pública de una verdad o noticia recibida de Dios, significa «anuncio»; se utilizaba para designar la proclamación en voz alta de algo extremadamente importante, como lo ordenaban a veces los emperadores de la Antigüedad en las grandes plazas de las ciudades. El contenido del anuncio —que es, al mismo tiempo, el comienzo de toda existencia cristiana— es: «Jesús es el Señor» (2 Cor 4,5). El papa Francisco describe así el primer anuncio, con el que comienza todo: «Jesucristo te ama, dio su vida para salvarte, y ahora está vivo a tu lado cada día, para iluminarte, para fortalecerte, para liberarte»[21].

En la Iglesia primitiva se distinguía claramente entre kerigma y *didaché*, o sea, entre «anuncio» y «enseñanza». Los padres y madres de la Iglesia primitiva querían dar inicio a la doctrina (la reflexión racional sobre la fe) solo una vez que el mensaje de los mensajes —el kerigma— le había llegado al catecúmeno y había arraigado en él. Raniero Cantalamessa, predicador de la Casa Pontificia, ve toda teología y catequesis de la Iglesia «como un árbol majestuoso que brotó de esa semilla [del anuncio]. Pero esta —como ocurre con la semilla natural—, con el paso del tiempo, quedó sepultada bajo la planta que produjo»[22]. Así pues, la catequesis es un programa de edificación que construye sobre una fe al menos rudimentaria que ha sido despertada por el anuncio. «De otro modo —dice Maximilian Oettingen—, es como un discurso sobre la didáctica de la natación sin haber estado jamás en el agua[23].

6. Catequesis en el contexto de la (nueva) evangelización

Pablo VI con *Evangelii nuntiandi* y el papa Francisco con *Evangelii gaudium* han señalado el camino **del primer anuncio a la catequesis**: «Evangelizar constituye, en efecto, la gracia y vocación propia de la Iglesia, su identidad más profunda. Ella existe para evangelizar...»[24], como lo resumía Pablo VI en una indicación para la acción que el papa Francisco aplicó por fin decididamente a todos los miembros de la Iglesia: «Yo soy una misión»[25].

El nuevo Directorio para la Catequesis retoma con gran claridad ese enfoque profético que, en última instancia, proviene de *Lumen gentium* y de la idea de *communio*[26] como «llave maestra para el Concilio Vaticano II»[27].

La catequesis ya no puede separarse de los procesos espirituales, existenciales y sociales de transformación de la persona; «la interiorización del Evangelio» que se da en la catequesis «supone un proceso complejo que implica a toda la persona en su propia experiencia de vida»[28], proceso que está profundamente inserto en la Iglesia y que exige un acompañamiento intensivo[29] por parte de todo el pueblo de Dios. El nuevo Directorio describe con gran fuerza expresiva la esencia de la catequesis:

> Hemos llegado a un punto de la historia en que reconocemos la importancia fundamental de la catequesis para la vida de la Iglesia: la catequesis es más que una formación racional; tiene que tornarse en un proceso intensivo y transformador para la vida de los cristianos.
>
> **Luis Enrique Delgado**, México

> «La catequesis es un acto de naturaleza eclesial, nacido del mandato misionero del Señor (cf. Mt 28,19-20), cuyo objetivo, como su propio nombre indica, es hacer resonar continuamente en el corazón de cada persona el anuncio de su Pascua, para que su vida sea transformada. En cuanto realidad dinámica y compleja al servicio de la Palabra de Dios, ella acompaña, educa y forma en la fe y para la fe, introduce en la celebración del misterio, ilumina e interpreta la vida y la historia humana»[30].

Por tal motivo, la catequesis puede entenderse como la integración total —existencial, cognitiva, espiritual, social y sacramental— en el cuerpo vivo de Cristo, una integración que se da a través de los procesos de acompañamiento del pueblo de Dios en su conjunto. El plan de Dios consiste en que toda la humanidad llegue a formar parte de su pueblo, del cuerpo de Cristo, en primer lugar por el bautismo, pero después también en el espacio de crecimiento de la catequesis. En el sí decidido a la persona de Jesucristo los cristianos se descubren a sí mismos como discípulos y amigos de Jesús y reconocen su vocación misionera. Vista de ese modo, la catequesis es un proceso que transforma la vida, es trascender hacia una realidad nueva posibilitada por Dios y el camino hacia una vida distintivamente cristiana.

7. Un enfoque nuevo en la catequesis

En la Iglesia existe una «catequesis oficial». Enseñar es ante todo la **tarea del obispo y de su presbiterio**. Como ya en la Iglesia primitiva los sacerdotes y obispos no podían estar en todas partes, catequistas (laicos) participaban en el encargo oficial de enseñanza de la Iglesia. Para ofrecerles cualificación y subrayar su misión eclesial se les otorgaba la *missio*, un encargo eclesial oficial. A través del *motu proprio Antiquum ministerium*[31] el papa Francisco ha introducido ahora un ministerio propio del catequista reconociendo en primer lugar el trabajo de esos laicos: «No se puede olvidar a los innumerables laicos y laicas que han participado directamente en la difusión del Evangelio a través de la enseñanza catequética. Hombres y mujeres animados por una gran fe y auténticos testigos de santidad que, en algunos casos, fueron, además, fundadores de Iglesias y llegaron incluso a dar su vida»[32].

El inusual énfasis que reside en el hecho de que el papa Francisco haya creado un ministerio propio del catequista se fundamenta por referencia a la «renovada conciencia de la **evangelización** en el mundo contemporáneo»; además, a la **«cultura globalizada»** y, por último, a la **necesidad de un «auténtico encuentro** con las generaciones jóvenes[33]. Los tres desencadenantes forman una unidad:

▸ el descubrimiento de que una Iglesia sin anuncio misionero pierde el propósito de su existencia;

▸ el descubrimiento de que Dios ya no aparece en una cultura mediática globalizada;

▸ y el descubrimiento de que las generaciones jóvenes no escaparán de la epidemia de secularización si no se producen encuentros auténticos con y en la Iglesia.

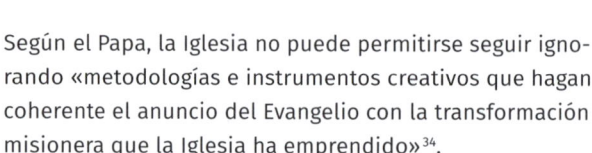

Según el Papa, la Iglesia no puede permitirse seguir ignorando «metodologías e instrumentos creativos que hagan coherente el anuncio del Evangelio con la transformación misionera que la Iglesia ha emprendido»[34].

Los jóvenes pasan muchas horas en el ámbito de los juegos digitales. Por ese motivo, es muy importante que la fe les salga al encuentro precisamente allí.

En el Centro de Ejercicios procuramos organizar días de retiro para jóvenes y realizar semanalmente una catequesis dialógica en la que estudiamos una pregunta tomada del *YOUCAT* y aclaramos las dudas de los jóvenes. Para ese fin nos servimos de importantes medios digitales como YouTube para las transmisiones en directo, así como la transmisión de sesiones e interacciones a través del chat de WhatsApp, de Zoom y de otras plataformas. Como utilizamos una amplia gama de medios de comunicación de audio y video, podemos entrar en contacto cada semana con más de tres mil personas. Todo eso se da en el contexto de una comunidad de testigos: una comunidad de discípulos misioneros. Para ello acuden muchos jóvenes al centro organizado por ellos y trabajan en la realización de ese programa semanal, por lo cual ellos mismos se convierten en discípulos misioneros. Este programa puede actuar en diferentes parroquias, centros de retiros o centros de juventud, de modo que sean muchos los jóvenes evangelizados a través del nuevo enfoque de la catequesis.

Varghese Thomas, India

El Papa habla conscientemente de «encuentro», no de «instrucción». La palabra «encuentro»[35] proviene del mundo del diálogo. Encuentro presupone intercambio recíproco, apertura a distintos resultados, ausencia de violencia, estima por el otro, simpatía y posición en pie de igualdad. El «encuentro» rompe el reiterado y erróneo patrón de que la transmisión de la fe puede darse de forma impersonal, pensando, por ejemplo, que hoy en día solamente se puede introducir un giro catequético recurriendo a formas comunicativas de presentación y transmisión de la fe mediante la abundante variedad de medios audiovisuales de comunicación. Sí, eso es importante, y el Papa también menciona esos medios. Pero se trata de «encuentro», y eso elimina la idea fija de una reproducción mecánica de la Iglesia. El giro misionero que se exige tiene que ver con «las costumbres, los estilos, los horarios, el lenguaje y toda estructura eclesial»[36]. El giro transformador se produce en el ámbito de proximidad de una comunidad testigo: la comunidad de los discípulos misioneros.

Un **«discípulo misionero»** puede ser todo aquel que sea capaz y esté dispuesto a «defenderse delante de cualquiera que les pida razón de la esperanza que ustedes tienen» (1 Pe 3,15). El discípulo misionero coopera **en el proceso catequético de la Iglesia** a su manera y en su mundo, con lo cual no se está declarando superflua la catequesis oficial. El encuentro de una mujer con su marido puede generar una situación catequética si la búsqueda común de un camino conduce a una profundización en el aprendizaje de la fe. Sin duda, los padres son los primeros catequistas de sus hijos si dirigen su palabra de forma competente a la apertura de los hijos para Dios. Los que viven en una dirección determinada pueden ser los catequistas de sus vecinos si su hospitalidad hace posible conversaciones profundas. Los amigos pueden ser catequistas de sus amigos en la lucha común por la verdad. Y pueden llegar a serlo mucho antes de que aparezca en el horizonte un sacerdote.

Ahora bien, este **encargo informal hecho a todos** los que han sido alcanzados por el mensaje de Jesús y sienten en sí el anhelo de dejar que su alegría en la fe desborde hacia todos con los que se encuentran puede conducir también a un apartamiento de Jesús, de la Iglesia y de la «sana doctrina» (2 Tim 1,13) en la medida en que personas no llamadas consideren poder erigirse en maestros de los demás. Por eso, el papa Francisco amplía, por una parte, el encargo convocando a una suerte de movilización misionera general; por el otro, sin embargo, quiere instituir para ello un ministerio[37], es decir, una vocación eclesial. También el Directorio menciona como una característica esencial de la catequesis el que se la realiza **«en nombre de la Iglesia»**. Como dice el *motu proprio Antiquum ministerium*: «El catequista es al mismo tiempo testigo de la fe, maestro y mistagogo, acompañante y pedagogo que enseña en nombre de la Iglesia. Una identidad que solo puede desarrollarse con coherencia y responsabilidad mediante la oración, el estudio y la participación directa en la vida de la comunidad[38].

Si la catequesis del futuro no ha de ser de nuevo un mero refuerzo de las vías tradicionales habrá que reflexionar intensamente sobre cómo la catequesis puede darse en el **encuentro de grupos de discípulos y en el diálogo,** cómo ese diálogo puede ser alentado y consolidado por la Iglesia y cómo evitar que, a pesar de su carácter de diálogo, termine girando siempre en torno a los mismos temas, con lo cual dejaría de ser realmente un aprendizaje. Tenemos que reflexionar sobre una innovación a la que se invita en el Directorio bajo el lema de **«la catequesis como "laboratorio" de diálogo»**[39].

8. Diálogo y sinodalidad

«Toda vida verdadera es encuentro»[40]: así reza una frase frecuentemente citada del filósofo judío Martin Buber (1878-1965). Este autor nos ilustra también sobre la razón por la cual muchas medidas catequéticas carecen de efecto en la Iglesia. Cuando una institución entretiene a las personas, les habla y les enseña de forma exterior creyendo que al transmitir su mensaje ha cumplido con su deber, los destinatarios no se sienten aludidos; salen de la lección sin ser alcanzados, sin ser transformados, ni siquiera informados. Los mundos siguen desconectados. El encuentro no se produce: antes bien, ocurre lo que Martin Buber en sus escritos autobiográficos denomina un *desencuentro* [*Vergegnung*][41]. Se produce una «fusión de horizontes», como lo formuló Charles Taylor siguiendo a Gadamer. Pero esta fusión no

es necesaria para la constitución de una auténtica identidad, por ejemplo, para que alguien diga: «soy discípulo de Jesús y cristiano católico». La capacidad para una afirmación semejante se obtiene a través de un proceso en el que lo «propio» se transforma a través de la percepción de lo «ajeno», del mismo modo como también la percepción de lo ajeno se ha modificado por la de lo propio. En el caso ideal de un encuentro, la fe de los cristianos se convierte en «mi fe».

El niño judío Martin Buber experimentó tempranamente lo que significa «desencuentro». Hasta sus diez años de edad recibió enseñanza privada; más tarde acudió a clase a un instituto polaco en el que la mayoría de los alumnos eran católicos. El día a día en la escuela comenzaba con una oración de la mañana de pie ante el crucifijo. El anciano Buber recuerda: «Estar diaria y obligatoriamente de pie en el espacio resonante de la devoción ajena tenía en mí una peor repercusión de la que podría haber tenido un acto de intolerancia.

Huéspedes obligados: tener que participar, como una cosa, en un acontecimiento sagrado en el que ni una pizca de mi persona podía ni quería participar, y eso durante ocho años, mañana tras mañana: esto se imprimió en la sustancia vital del muchacho»[42].

La catequesis como «piedad ajena» conduce a lo contrario de la fe, a saber, a la retirada de la confianza y a la construcción de un resentimiento que bloquea todo camino. En una Iglesia que tiene que admitir hasta qué punto se ha vuelto infecunda una catequesis autoritaria y no dialógica resultó llamativo cuando el papa Francisco, al final del Sínodo de los Obispos sobre los jóvenes, se dirigió a estos últimos diciéndoles: **«Discúlpennos si a menudo no los hemos escuchado; si, en lugar de abrir el corazón de ustedes, les hemos llenado los oídos.** Como Iglesia de Jesús deseamos escucharlos con amor»[43].

Martin Buber ha descrito con detalle qué ocurre en el diálogo. **En el diálogo surge identidad.** Quien haya observado de cerca el desarrollo de un bebé conocerá el momento en el que el pequeño sonríe conscientemente a su madre. El pequeño ser humano se convierte en un «yo» en la medida en que encuentra un «tú» y se une a él en la sonrisa. Antes, el niño estaba totalmente absorbido en la unidad simbiótica con la madre. Ahora tiene un «yo», una identidad, despertada a través del amor.

Buber traslada esto a la identidad humana en general cuando dice: «El ser humano se torna Yo en el Tú»[44]. **Necesitamos al otro para llegar totalmente a nosotros mismos.** En el otro adquirimos nuestra propia mismidad subsistente. Yo expreso lo que soy ante el otro. En la sim-patía descubrimos lo común. Mis convicciones se ven sometidas a prueba y modificadas en la comprensión o no comprensión del otro[45].

Esto también es así en la Iglesia. Podemos vivir por largo tiempo en una unidad aparentemente simbiótica con la Iglesia, podemos participar en ella sin comprometernos, sin tener una identidad propia como cristianos católicos. Vivimos de segunda mano, nos escondemos, en modo alguno queremos que se nos pregunte por nuestra fe, la declaramos asunto privado y nos identificamos solo parcialmente o no nos identificamos en absoluto. Si alguien nos sondeara al respecto no tendríamos nada que decir; como mucho, podríamos derivar la cuestión: «Pregúntenle a un cura, él ha de saber».

Es este reconocimiento el que ha movido al papa Francisco a centrarse nuevamente en la idea de la nueva evangelización y a declarar la «sinodalidad» como uno de los ejes de su pontificado. El papa Francisco se pronuncia «con firmeza a favor de la promoción de procesos y procedimientos sinodales en la Iglesia católica» porque está convencido de que «recorrer de forma decidida y profundizar el camino de la sinodalidad es "lo que Dios espera de la Iglesia del tercer milenio"»[46]. La Iglesia se ha comprendido desde el principio como *sýnodos*, como camino común. A los cristianos que seguían a Cristo como Camino se los denominaba «seguidores del camino» (Hch 9,2). Explica el cardenal Koch: «En ese sentido, Juan Crisóstomo podía declarar que "Iglesia" es un nombre "que significa un camino común" y que Iglesia y sínodo son "sinónimos". Por eso, la palabra "sinodalidad" es tan antigua y fundamental como la palabra "Iglesia"»[47]. La sinodalidad designa en primer lugar la participación de todos en la misión de la Iglesia, su identificación profunda en la escucha de la Palabra de Dios. En ello se trata de la superación de un tipo eclesial que se puede describir de la mejor manera con el concepto de "Iglesia prestadora de cuidados": una división del pueblo de Dios en cuidadores y destinatarios de los cuidados.

El hecho de que «Iglesia» designa a todos fue comprendido por algunos como una invitación a desatar una disputa en la Iglesia por un reparto diferente de las relaciones de poder. Pero la Iglesia no necesita un aumento de los poseedores de poder, sino de los que dan testimonio. Dice el cardenal Koch: «Mientras que el procedimiento democrático sirve sobre todo a la constatación de mayorías, la sinodalidad es un acontecimiento del Espíritu que tiene como meta hallar, **por el camino del discernimiento, una unanimidad sólida y convincente** en las convicciones de la fe y en las formas de vida individuales y eclesiales que de ellas surgen»[48]. La irradiación misionera de la Iglesia no brota de su fuerza doctrinal y de su autoafirmación institucional, sino de su unanimidad en la alegría por el Señor. «Que todos sean uno [...] para que el mundo crea que tú me enviaste» (Jn 17,21): esta es la *conditio sine qua non* de su supervivencia en un mundo que se precipita más y más en la secularización y que rechaza todo intento de corrección que no muestre la irresistible nobleza de la unanimidad en la alegría.

El **Diálogo**, que es inherente a esa profundidad sinodal de la Iglesia, **tiene que marcar también la catequesis, el acto generador primordial de la Iglesia**. La identidad de la Iglesia (como también la del individuo en ella) no resulta de la conformidad con un mundo inerte de objetos religiosos, sino que es un sí vivo a la presencia viva de Dios en su Iglesia.

> Ha llegado la hora de un nuevo estilo, la hora de una atractiva cultura del diálogo de fe que haga que las certezas tradicionales de la fe se vuelvan habitables de un modo nuevo y que atraiga a las personas libres a la alegría de los redimidos[49]. Tenemos que ponernos en busca de formas de hacer propia la fe que no sean devociones foráneas impuestas, sino que sean la auténtica realización de una Iglesia que escucha, que busca, movida por el Espíritu; una Iglesia que tiene muchos tesoros en sus aposentos, pero que tampoco lo sabe todo.

9. De Alpha a Beta

En ninguna parte del mundo se da hoy el primer anuncio misionero de forma más eficiente que en los denominados «cursos Alpha»[50]. El curso Alpha realiza entretanto hasta en las situaciones extremas de las prisiones exactamente aquello que tiene que realizar el primer anuncio misionero: reúne a personas, en su mayoría ajenas a la institución —algo importante en el marco de un primer encuentro neutral—, y las conduce a la fe en el Dios que se ha manifestado en Jesucristo, ese Dios que me concierne «a mí» personalmente. Hasta cierto punto con la facilidad de un juego, Alpha crea las bases para la integración de todas las personas en la fe entera de la Iglesia una, santa, católica y apostólica.

En esa experiencia desempeña un papel esencial la hospitalidad. Se otorga gran importancia a que los encuentros comiencen en un ambiente bello y privado y con el placer sensible de una comida compartida. Así queda claro desde el principio el plano en el que lo ajeno puede llegar a hacerse propio: es el plano de la participación amistosa. No se trata de que yo te dé participación en mis conocimientos, sino de que comparta mi vida contigo. Por lo demás, no es este un invento nuevo. La Tradición transmite la siguiente afirmación de san Juan Crisóstomo (349-407): «Si quieres que alguien se haga cristiano déjalo vivir un año contigo».

Como es obvio, el curso Alpha exige la realización de cursos Beta en los que **las personas que han llegado a la fe descubran su identidad eclesial.** Ese tipo de cursos faltan en las estructuras clásicas de una Iglesia cuyos estándares siguen estando determinados todavía por las medidas estructurales del Concilio de Trento (1545-1563) en respuesta a la Reforma. Esto significó que ya no debía haber fieles católicos sin parroquia. Surgió así la comunidad cristiana territorial y, dentro de ella, un orden concebido piramidalmente a la medida del sacerdote, cuya presencia era obligada. Dicho orden demostró gran eficacia a lo largo de los siglos, pero ahora se ve amenazado por la uniformidad de los procesos, el debilitamiento espiritual y el vacío de las rutinas.

Si acaso se ha percibido en los últimos decenios un fenómeno transversal a todas las denominaciones cristianas como un movimiento de renovación animado por el Espíritu, ha sido en el fenómeno de la **«pequeña célula»**[51], en la que adquirieron nuevo vigor y brillo la sal y la luz de Evangelio. Todos los movimientos de renovación —valga mencionar, por ejemplo, en el ámbito católico, el Movimiento de los Focolares o la Comunidad Emanuel— surgieron a partir de la «reprivatización de lo cristiano»[52] en las pequeñas células en las que las personas llegaban a la fe, descubrían juntos su vocación, se encendían por la Palabra de Dios y acordaban pasos comunes y vinculantes en el seguimiento de Cristo.

Este fenómeno —perceptible a nivel mundial— de la búsqueda de un cristianismo que sea comprensible de inmediato, que me concierne a mí personalmente, en el que se den cercanía, calidez, contacto con Dios y milagros no condujo siempre al pequeño grupo en el seno de la Iglesia. También **«Iglesias libres» con actitud polémica hacia la Iglesia institucional, contrarias a la comunidad anónima, ejercieron su fascinación** con tres elementos simultáneos: concentración radical en Jesús, presente y actuante en la palabra, aceptación y valoración personal, y un neomisticismo con celebraciones de gran impacto. Para alguna iglesia local católica no ha habido ni hay nada más amenazante que la emigración de católicos jóvenes y decepcionados hacia los ambientes eufóricos de las Iglesias libres, en las que la búsqueda humana de hospitalidad, de milagros y de realidad se satisfacía y se sigue satisfaciendo más fácilmente que en los procesos a veces aburridos, en las prácticas sin espíritu y en los ejercicios ritualizados de la Iglesia católica.

Pero donde la «pequeña célula» haya desencadenado y siga desencadenando dinámicas centrípetas, donde la célula no se sustrae a la reunión en torno al altar y al anuncio de la Iglesia, se habrá llegado con cierta seguridad a la fuente de renovación cristiana. Aquí encuentro yo la búsqueda unánime en la escucha de la Palabra de Dios que constituye la sinodalidad. Aquí todo se conjuga en unidad como en un puzle sobrenatural.

Aquí, en la «pequeña célula», el carácter de comunión que es propio de la Iglesia se hace realidad tangible. Aquí se da el auténtico diálogo; aquí yo llego a ser yo en el tú. Aquí se consolidan mis convicciones libres en cuanto las someto a comprobación en la fe universal de la Iglesia y en aquellos que están junto a mí. Aquí me convierto en sujeto de mi fe. Aquí salgo de las identificaciones parciales y de los cristianismos mediocres, condicionales. Aquí encuentro la identidad fuerte a la que, en la amistad con Jesús y en su círculo de amigos[53], se abren cada vez más oportunidades de crecimiento. Aquí maduro como discípulo misionero y testigo de la Resurrección que puede dar razón de una fe que, en la realidad paradójica de la gracia, es enteramente mi propia fe y enteramente la fe de la Iglesia.

Esta es la fe firme que es capaz de la *martyría*, del testimonio de la sangre por su verdad.

John Henry Newman, en su obra *El asentimiento religioso*, describió la diferencia entre un asentimiento puramente conceptual a la fe, el *asentimiento nocional* (en el que «la mente contempla sus propias creaciones en vez de contemplar cosas»[54]) y el *asentimiento real*: «Nadie [...] morirá por sus propias deducciones, sino por realidades»[55].

La Iglesia católica está aprendiendo actualmente a ver **el discipulado en la «pequeña célula» como lugar del aprendizaje y de la formación de la identidad, así como, consecuentemente, como lugar de catequesis.** Las personas quieren encontrar allí un hogar espiritual, buscan buenas razones para poder decir sí para toda la vida: sí a Jesús y a la Iglesia. Allí se abre la puerta para el proceso catequético. Allí el Señor habla a través del Espíritu y a través de todos aquellos a los que él ha unido a sí y por los cuales quiere hablar con autoridad: «Donde hay dos o tres reunidos en mi Nombre, yo estoy presente en medio de ellos» (Mt 18,20). En las células de fe, en grupos de diálogo, crecen personas y, en cierto sentido, surge «Iglesia». Entre dos o más personas que se encuentran en profundidad puede verse despuntar la realidad de Dios. Son procesos de cercioramiento. En esos procesos de diálogo cada uno puede insertarse tal cual es. Uno está más adelantado en la fe, el otro es un principiante; uno ha tenido una experiencia profunda, el otro busca aún con dolor tal experiencia. De ese modo, se ayudan mutuamente.

La «catequesis dialógica» se presenta como la forma adecuada para introducir procesos de aprendizaje y de identificación en la «pequeña célula», para abrirla a la totalidad de la fe y, de ese modo, para evitar que nade en sus propios jugos, que se quede atascada en sus propias preguntas y problemas, que tome la acumulación de sus propios puntos de vista por la verdad y en ellos se ahogue. Dos son los elementos de la catequesis dialógica que la habilitan para ello:

a) La catequesis dialógica no es autoritaria; no transmite enseñanza desde arriba, sino que hace posible la gestación de convicciones en la contemplación comunitaria de la fe.

b) La catequesis dialógica tiene un hilo conductor en cuanto aporta en el diálogo las respuestas tomadas del catecismo como representaciones de la fe común, trans-subjetiva de la Iglesia, sin prejuzgar por ello acerca de la aceptación subjetiva de la fe en un asentimiento real.

10. Experiencias de aprendizaje en YOUCAT

El *Catecismo joven YOUCAT* surgió de una curiosa anécdota humana. En la presentación del Compendio del *Catecismo de la Iglesia católica*[56] en Viena se dio un episodio memorable. Una madre esperaba encontrar en el Compendio una especie de catecismo para la familia que ella pudiese entregar a sus hijos adolescentes, pues en el *motu proprio* del papa Benedicto XVI que acompañaba la edición había leído que se trataba de «una especie de *vademécum*, a través del cual las personas —creyentes o no— pueden abarcar con una sola mirada de conjunto el panorama completo de la fe católica»[57]. Sin embargo, le manifestó al cardenal Schönborn la siguiente opinión: «Para mí el libro está bien, pero no se lo daré a mis hijos. ¡Es tan complicado y aburrido! ¿Por qué no se dirige usted al santo padre y le dice: lo que necesitamos es un catecismo joven cautivante, y no algo como esto?». De hecho, el Compendio, que reducía el gran *Catecismo de la Iglesia católica*, de más de 800 páginas, a 300, sufría del mal de todos los resúmenes bienintencionados: a menudo son más complicados que el original, lo que en este caso llevó a una persona a formular ingeniosamente, en tono jocoso: «Es como hervir el consomé de carne: ¡en algún momento se vuelve incomible!».

La pequeña escena en la sala de prensa de Viena llevó realmente a un experimento con final incierto. El cardenal Schönborn también veía la necesidad de un catecismo joven, pero le dio a un grupo de sacerdotes y teólogos que querían intentar la elaboración de un esbozo un consejo con consecuencias de largo alcance: **«Cuando se hace algo *para* jóvenes hay que hacerlo *con* ellos».** Los participantes se hicieron eco del consejo y, así, en los veranos de 2006 y 2007, se realizaron dos grandes campamentos en los que participaron más de cincuenta jóvenes. Juntos leyeron el Compendio, intentaron comprenderlo, pudieron formular preguntas, expresar resistencias. Solo mucho más tarde se dieron cuenta de que, con su proceder,

La catequesis es como el espíritu en el cuerpo, que en Cristo da vida a los cristianos. Estoy muy orgulloso de formar parte del movimiento YOUCAT, que intenta ayudar a los jóvenes y a todos los seres humanos a amar más a Dios y también a ser un testimonio por Cristo. Como sacerdote, ese movimiento es para mí un recurso útil y un camino para ayudar a personas jóvenes a acercarse a la Iglesia como su madre, que quiere ayudarlos a convertirse en católicos virtuosos.

Benny Suwito, Indonesia

los autores del *YOUCAT* habían practicado la sinodalidad. Fue el cardenal Lerhmann el que reconoció ese hecho: «De modo que no se está presentando así sin más el catecismo a la juventud, sino que la juventud misma, a través de sus preguntas, pero también de propuestas puntuales de redacción, se ha convertido en gran medida en "sujeto" del *YOUCAT*. Se trata de un testimonio extraordinario de la renovación de la tradición catequética, testimonio que nunca se destacará lo suficiente»[58].

El mismo papa Benedicto XVI había invitado a los jóvenes a **abandonar el papel pasivo y a entrar en diálogo unos con otros** sobre aquello que «habla de nuestro propio destino y por ello nos afecta profundamente a cada uno»[59]. Él invitó a los jóvenes lectores a tornarse en sujetos de su fe, a formarse de múltiples maneras para poder participar en la transmisión de la fe, y para ello les recomendó el nuevo catecismo joven, que hizo repartir con ocasión de la Jornada Mundial de la Juventud en Madrid en cientos de miles de ejemplares:

«Formen grupos de trabajo y redes, intercambien opiniones en internet. ¡De cualquier forma, mantengan conversaciones acerca de la fe! Tienen que saber qué es lo que creen. Tienen que conocer su fe de forma tan precisa como un especialista en informática conoce el sistema operativo de su computadora, como un buen músico conoce su pieza musical. Sí, tienen que estar más profundamente enraizados en la fe que la generación de sus padres, para poder enfrentarse a los retos y tentaciones de este tiempo con fuerza y decisión»[60].

Los jóvenes lectores se lo tomaron sumamente en serio. Ya en el vuelo de regreso de la Jornada Mundial de la Juventud a sus países de origen formaron **grupos autónomos de aprendizaje** que a menudo subsistieron a lo largo de años. En distintos países —como en Brasil, Colombia, Nicaragua, Filipinas, Indonesia, India, Líbano— se formaron movimientos de aprendizaje de la fe impulsados por los jóvenes. De esos grupos de base surgieron vocaciones y conversiones.

En el Sínodo de los Obispos sobre los jóvenes, del año 2018, obispos de los más variados países informaron acerca de ese regalo inesperado, en respuesta a lo cual el papa Francisco, impresionado, requirió más de doscientos *DOCAT* a fin de repartirlos a los delegados. Y la historia en la que jóvenes dan inicio a algo creativo con el catecismo joven por iniciativa propia está lejos de terminar.

11. *Know! Meet! Share! Express!*

Con el fin de apoyar las iniciativas que habían surgido de las orientadoras palabras del papa Benedicto XVI al YOUCAT, se alentó a los jóvenes a que fundaran *grupos de estudio*, es decir, grupos de fe, y se elaboró una cantidad aún hoy creciente de las que se dio en llamar *guías de estudio*. La página de internet de YOUCAT las presenta de la siguiente manera: «Con la *guía de estudio* podrás profundizar los contenidos de YOUCAT en un grupo de estudio. Simplemente descárgala, imprímela y empieza»[61].

En conjunto se trata de un plan abierto que puede aplicarse, modificarse y utilizarse en los más variados contextos. El impulso originario del papa Benedicto se dirige a la Iglesia entera: es una movilización de aquellos que hasta ahora eran solamente oyentes y receptores de catequesis. Es como si el Papa quisiera decirles a los jóvenes en la Iglesia: ¡Consigan lo que no les han dado! A fin de reforzar este impulso originario y de centrar las diferentes dinámicas en los distintos países se acuñó la idea directriz en una fórmula pegadiza de cuatro imperativos: *Know! Meet! Share! Express!*

Know (Conocer): con su indicación «Tienen que saber qué es lo que creen», el papa Benedicto había encendido en muchos jóvenes algo que orientó su deseo de saber y su afán de investigación hacia las cosas más profundas. Los jóvenes entendieron este mensaje: si como cristiano católico quieres tener una identidad que irradie, tienes que buscar con pasión aquello que Dios quiere decirte y cuál es la fe común de la Iglesia. Con la Sagrada Escritura y el catecismo, la Iglesia ofrece a cada nueva generación un tesoro de recuerdos imperecederos. La aventura de la fe consiste en curiosear dentro de ese tesoro.

Meet (Reunirse): con su impulso «formen grupos de trabajo y redes, intercambien opiniones en internet», el Papa había invitado a los jóvenes a formar comunidades concretas de aprendizaje de la fe, reunirse física, pero también digitalmente a fin de descubrir juntos los tesoros de la fe. Los destinatarios del impulso tuvieron una experiencia feliz: la fe me saca de la soledad y del aislamiento y me introduce en una comunidad, el cuerpo de Cristo. Aprender la fe significa, al mismo tiempo, aprender a ser «Iglesia». Los jóvenes descubrieron la Iglesia como «punto de encuentro» de Dios. La descubrieron como un lugar

en el que no solamente se encuentra a Dios en la palabra y el sacramento, sino donde también se recibe de nuevo el regalo del otro —como hermano, como hermana—.

Share (Compartir): con su indicación «de cualquier forma, mantengan conversaciones acerca de la fe», el Papa invitó a los jóvenes a entrar en un verdadero diálogo sobre aquello que «nos afecta profundamente a cada uno». Los jóvenes comprendieron cuál era la intención de Benedicto XVI: arriésgate a compartir, tanto en el mundo digital como en la vida normal. Ábrete. No te quedes en ti mismo. Aprende con otros. Busca con ellos a Dios. Déjate ayudar. Déjate corregir. Comparte tu anhelo. Comparte tus experiencias. Comparte tus conocimientos. Comparte tus preguntas, tus dudas, hasta tu fracaso. Tus progresos en la fe son importantes para otros. Si te acercas más a Dios, lleva a otros contigo. La Iglesia es una comunidad de camino en la que se comparte también el pan. La Iglesia comparte algo conmigo, me da participación en algo. Al mismo tiempo, yo doy lo mejor de mí, lo comparto con otros[62].

Express (Expresar): «Introduzcan el fuego nuevo y lleno de energía del amor de ustedes en la Iglesia, por más que algunas personas hayan desfigurado su rostro. "Con solicitud incansable y fervor de espíritu, sirvan al Señor. Alégrense en la esperanza, sean pacientes en la tribulación y perseverantes en la oración" (Rom 12,11)», había dicho enfáticamente el papa Benedicto a los jóvenes. Ellos comprendieron lo que les quería decir: no hagan de esto un ejercicio mental ni un curso abstracto. Lo importante es tener «la fe que obra por medio del amor» (Gal 5,6).

Atrévanse a expresar visiblemente su fe. Denle una expresión diacónica, litúrgica, existencial, creativa. Entren en contacto con Dios de forma directa, pues esta es la primera expresión de su fe y la más importante. «Por sus frutos los reconocerán» (Mt 7,16). Allí donde se comparte la fe, donde de ese modo surge la Iglesia en pequeño, allí ocurren también cosas nuevas.

«El Espíritu Santo quiere impulsarnos para que salgamos de nosotros mismos, abracemos a los demás con el amor y busquemos su bien. Por lo tanto, siempre es mejor vivir la fe juntos y expresar nuestro amor en una vida comunitaria, compartiendo con otros jóvenes nuestro afecto, nuestro tiempo, nuestra fe y nuestras inquietudes».

Papa Francisco

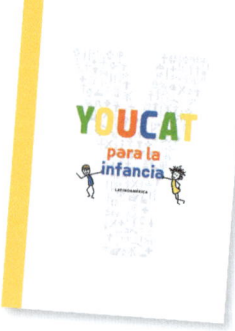

Partiendo de tales comienzos se desarrolló la Fundación YOUCAT, que ve su tarea en la prosecución participativa (sinodal) del desarrollo de materiales analógicos y digitales, pero que, al mismo tiempo, promueve todo aquello que «saca el catecismo del armario», como lo expresó una vez el cardenal Schönborn. Entretanto, el *YOUCAT* cuenta con licencia en setenta idiomas. También los libros que le siguieron —entre ellos el *DOCAT* (un compendio de la Doctrina Social de la Iglesia para jóvenes)[63], el *YOUCAT para la infancia*, un libro de catequesis para la *Confirmación*, un libro para transmitir a los jóvenes la *Confesión*, *Tu libro de oración* para jóvenes, un *Curso actual sobre la fe*, etc.— fueron publicados en más de treinta idiomas y se convirtieron en todos los continentes en exitosos libros católicos de venta sostenida. Equipos internacionales trabajan actualmente, en una forma propia de redacción comunitaria (siguiendo los pasos de *Amoris laetitia*), en un manual para jóvenes que se preparan para el matrimonio, así como en un catecismo elemental *(YOUCAT Básico)*, que volverá a desglosar el gran catecismo en un lenguaje que pueda comprender la gente más sencilla. Este proyecto responde a un deseo formulado por obispos de Asia, de América Latina y, sobre todo, de África.

El mutuo enriquecimiento a través de encuentros participativos de «escucha»[64] comunitaria forma parte, desde los primeros tiempos, del ADN de YOUCAT. Trabajar en y con el instrumento del catecismo es un servicio a la Iglesia que busca también en la enseñanza compartir el camino con aquellos a los que concierne. Dar participación a estos últimos, sobre todo jóvenes, en la creación de libros es algo complicado y laborioso: exige tiempo y múltiples procesos de intercambio, y sería inimaginable sin la Fundación Pontificia Ayuda a la Iglesia Necesitada.

Pero ahora, tras no menos de diez años de trabajo, se cuenta con una **biblioteca de catequesis joven, innovadora, elaborada de forma sinodal**, que se ha extendido a todos los continentes y que ha llegado incluso a pequeños grupos lingüísticos (por ejemplo, en lengua mongola). Ahora bien, libros nuevos que han desarrollado una acción demostrable exigen una metodología de transmisión tan innovadora, participativa y sinodal como ellos mismos.

12. ¿Por qué la catequesis necesita el catecismo?[65]

Antes de hablar del catecismo como fuente de reforma de la Iglesia hay que hablar siempre de la Sagrada Escritura. Cada vez que la Iglesia está en crisis, cada vez que necesita reforma en la cabeza y en los miembros, se ve remitida al primero y mejor remedio: **la relectura de la Sagrada Escritura**. Una retrospectiva a las reformas fundamentales de la Iglesia demuestra que todas ellas son consecuencia de nuevas concentraciones en la Palabra de Dios viva y creadora de vida. Son desobstrucciones de la fuente de la cual se puede beber a fin de dejarse conducir, sanar, reconciliar, alentar y enviar por la Palabra de Dios en la cotidianidad concreta.

La necesidad de traer a la memoria el catecismo no es tan clara y palmaria. En muchas partes de la Iglesia se trabaja intensamente con el catecismo[66]. En otras se lo encierra en el «armario de los venenos». No es este el lugar para juzgar sobre los motivos por los cuales se destierra el catecismo de la catequesis o se minimiza su importancia («El catecismo no es el Corán»[67]). **Como dijo Juan Pablo II, el catecismo es «una regla segura para la enseñanza de la fe»[68].** Él mismo hizo redactar de nuevo el catecismo en cierta medida como última obra y fruto del Concilio. Tampoco el papa Francisco abandona esta tradición hermenéutica[69]. Sin esta regla segura, los contenidos de la fe se descomponen en un espectro plural de opiniones teológicas o en un arsenal de fragmentos inconexos. Al final, ya no hay más contenidos y la fe se torna en un gesto sin objeto: *la fe se convierte en creencia*. Desde luego, el catecismo, que representa la «sana doctrina» (cf. 1 Tim 6,3), es siempre la interpretación de una Sagrada Escritura que se encuentra ante la Iglesia con carácter normativo, pero que es, a su vez, «libro de la Iglesia».

¿Qué sabríamos de la fe y de la vida de la Iglesia si nos remitiéramos solamente a la Biblia y no también a la Tradición y a la interpretación viva de la Iglesia, inspirada por el Espíritu[70]. No sabríamos por qué la comunidad de la Iglesia valora los diez mandamientos y confiesa en la fe precisamente siete sacramentos, por qué existen Navidad y Pascua, por qué la Iglesia tiene un año litúrgico con conmemoraciones cíclicamente recurrentes, con conversión ritual y una amplia gama de fiestas. No sabríamos por qué creemos en la Trinidad, por qué hay sacerdotes y obispos, por qué, en general, existe una autoridad ministerial en la Iglesia, por qué la Iglesia exalta el domingo y en el «día del Señor» nos reunimos para celebrar la eucaristía: todas cosas que se encuentran en cualquier catecismo. La fe no es una adhesión a reglamentos e instrucciones de un lejano Jesús histórico, sino la experiencia de la presencia de Jesús en la Iglesia que lo transmite, un lugar en el que se puede habitar en buenas concreciones de un orden divino y con reglas que promueven la vida. El catecismo también alberga en la memoria colectiva los momentos más sutiles, creadores de ambiente, y los hace brillar.

El catecismo —así podría decirse— es la hermenéutica de la Iglesia. Es el libro en el que se menciona de forma coherente, se ilumina de forma racional y se avala eclesialmente todo aquello que uno debe esperar razonablemente, creer necesariamente y hacer con coherencia para ser cristiano.

La alternativa al crecimiento en la fe en un enfrentamiento vivo con lo propio de la fe es sincretismo, eclecticismo, conocimiento a medias, construcción propia. O sea, nada de nada.

La catequesis dialógica integra el catecismo introduciendo **cada vez un tema diferente** en la conversación de la comunidad que busca. Puede ser un tema de elección subjetiva, pero es mejor introducir los temas siguiendo la secuencia de las preguntas del catecismo. Para utilizar una imagen gráfica: al igual que en el rosario, los participantes deberían pasar todas las «cuentas» del catecismo para tener progresivamente a la vista la «figura» integral —la totalidad de la fe—. La **Iglesia misma se convierte en el interlocutor silencioso en el intercambio de los participantes**. La pregunta «para qué estamos en este mundo» no se deja solamente a la experiencia o al conocimiento de los participantes: uno dice esto, otro dice aquello. Se agrega a ello una escucha de la Iglesia, cuya ponderada respuesta tiene una calidad sinodal, puesto que esa respuesta se debe al diálogo de muchos a lo largo de todos los siglos: es el resultado de una larga historia de escucha espiritual y teológica a la revelación que aconteció en su día. Por eso la respuesta de la Iglesia tiene una dignidad propia que merece ser percibida de forma precisa, tiene la preeminencia de una contemplación colectiva y, por eso, irradia objetividad. El respeto y la reverencia impiden que uno se sirva del filtro del subjetivismo. Hay un «holismo» de la fe que prohíbe preguntar: ¿Cuáles de estas cosas pueden serme útiles? Y ¿cuáles no me interesan?

Sin embargo la representativa **respuesta de la Iglesia no ignora respuestas nuevas, aún mejores**; no excluye un conocimiento aún más preciso, más cautivante, que puede y hasta debe resultar de la conversación de los discípulos. Pero estas nuevas respuestas estarán siempre en continuidad y emparentadas con la respuesta de la Iglesia. Como el sí de la fe es y tiene que seguir siendo siempre un asentimiento libre, autónomo, puede suceder que, en el proceso catequético, el individuo no pueda coincidir todavía con la respuesta colectiva —sea que necesita tiempo, oración e iluminación, sea que no puede superar sus dudas, sea que alguien formula para sí una respuesta que se expresa en ruptura con la continuidad de la comprensión eclesial—. Una insistencia en la propia razón sostenida solamente por la comprensión subjetiva y en virtud de la propia conciencia en un apartamiento de la Sagrada Escritura y del testimonio apostólico es, en definitiva, una posición precaria. Deriva hacia un espacio del conocimiento por el que la Iglesia ya no responde. Sale también de la *communio* de la Iglesia, de su comunidad de comunión.

13. El catequista en la comunidad de los discípulos

La renovación de la Iglesia en el redescubrimiento del discípulo y del discipulado[71] ha dado lugar a un tipo nuevo de comunidad, amparada por el Evangelio: la «pequeña célula», en la cual se desarrolla la identidad cristiana y esta halla una forma de vida vinculante. Los círculos de discípulos son grupos de amigos de Jesús caracterizados por un gran dinamismo propio y por la voluntad de autoformación. Hay en ellos una disposición, un querer escuchar y seguir. Allí aparece de nuevo como virtud la «obediencia», tan a menudo denostada en la Modernidad (y no sin razón). Esto se corresponde con el entorno vital del Nuevo Testamento, en el que el concepto de «obedecer» es casi intercambiable con «creer». Ya Jesús ve la esencia de su misión en la obediencia al Padre (Jn 4,34; 14,31). En la Carta a los Filipenses 2,8 se dice acerca de Cristo que «se humilló hasta aceptar por obediencia la muerte y muerte de cruz». Precisamente esa actitud continúa en el círculo de los discípulos y llega a convertirse incluso en signo distintivo del seguimiento (Rom 1,5; 15,18; 1 Pe 1,2). «Solo el obediente cree» —dice Dietrich Bonhoeffer en su fundamental libro sobre el seguimiento, y continúa diciendo—: «solo el creyente obedece»[72].

Aun siendo tan importante la participación de todos en el encuentro de la figura integral de la fe, en un círculo de discípulos habrá siempre personas cuyo caminar hacia Jesús y la Iglesia se dé con velocidades distintas. La sola inteligencia creyente colectiva no será suficiente.

Siempre será necesaria la persona que, aun estando en su propia búsqueda a la misma altura de la comunidad en proceso de búsqueda, no esté completamente «abajo», sino que vaya al encuentro del círculo desde el centro de la Iglesia con una misión propia.

En este sentido es una coincidencia afortunada que, con el *motu proprio Antiquum ministerium*, el papa Francisco haya creado un oficio propio de catequista, que está explícitamente abierto[73] a ulteriores precisiones para que la transmisión de la fe también pueda tener éxito en la era del discipulado misionero.

 Tenemos muchos catequistas tradicionales, pero lo que nos falta son catequistas jóvenes que caminen misioneramente junto a los jóvenes y que compartan con ellos su vida y su fuego.

Mons. Roberto Calara Mallari, obispo, Filipinas

Sería un gran paso adelante hacia la siguiente generación, también un paso en la realización concreta de la nueva evangelización, si (tal vez primeramente a nivel diocesano) por debajo de la gran MISSIO CANONICA pudiese erigirse una «hermana menor», una institución denominada YOUNG MISSIO. Tal certificado sería un reconocimiento para jóvenes católicos que se hubiesen preparado específicamente al ministerio de una transmisión de la fe acorde con sus necesidades y que hubiesen pasado un examen. La obtención de la YOUNG MISSIO sería la meta de una cualificación de jóvenes catequistas como se los necesita en muchas Iglesias locales a fin de que jóvenes actúen en pie de igualdad entre sus semejantes siendo capaces de dar testimonio, capaces de practicar nuevas formas de catequesis dialógica. Justamente el joven católico que se somete en comunidad a procesos catecumenales para ser cristiano puede ser «testigo de la fe», desarrollarse para ser un día «maestro y mistagogo, acompañante y pedagogo que enseña en nombre de la Iglesia»[74].

14. Experiencias en un proyecto dialógico de laboratorio

En un proyecto de laboratorio llamado «YOUNG MISSIO», YOUCAT, en colaboración con el P. Hans Buob y la Casa St. Ulrich[75], donde desde hace años se forma a catequistas en un ambicioso programa, intentó formar a treinta jóvenes cristianos católicos en un curso de un año y medio para que se convirtieran en catequistas de este nuevo tipo. Las experiencias fueron muy alentadoras, algo que pudo deducir por el hecho de que el curso contó con un alto nivel de motivación de los participantes y, además, de que del grupo surgieron varias vocaciones.

El plan partió de un modelo de «cuatro columnas» o «cuatro escuelas». Para promover las habilidades que un joven catequista debería adquirir para su acción en el contexto de la nueva evangelización se necesita la combinación orgánica de una **escuela de oración** con una **escuela de fe**, una **escuela de vida** y una **escuela de misión**.

▶ **Escuela de oración:** en ninguna otra parte se experimenta a Dios como presencia viva como en la oración y la adoración. La oración en todas sus formas es la base y el espacio permanente sin el cual los contenidos de la fe no pueden aprenderse y sus instrumentos no pueden aplicarse.

▶ **Escuela de vida:** puesto que los procesos catecumenales trascienden el ámbito cognitivo y significan la integración existencial de la persona en la forma de vida de la fe, los candidatos fueron acompa-

ñados todo el tiempo por mentores —sacerdotes o laicos experimentados, firmemente arraigados en la fe—. De ese modo, el aspecto de la conversión pudo adquirir el peso que le corresponde.

▶ **Escuela de fe:** la lectura de la Sagrada Escritura y su interpretación eclesial constituyó la base. La *Biblia joven YOUCAT*, con su encuadramiento eclesial en los textos marco, transmitió la hermenéutica católica: la Sagrada Escritura como libro de la Iglesia. Puesto que sin catecismo la catequesis queda en el aire, se familiarizó a los candidatos con el *Catecismo de la Iglesia católica* [CEC] y con todas las obras catequéticas que surgieron en YOUCAT como traducción del CEC a una forma adecuada para jóvenes y niños. Estas son, aparte del *YOUCAT*, sobre todo el *YOUCAT para la infancia* y el *DOCAT* (Doctrina Social de la Iglesia). Próximamente estará disponible un *YOUCAT Básico*, en el cual se procura reunir, en una ulterior simplificación, la fe de la Iglesia en sus elementos básicos.

▶ **Escuela de misión:** los candidatos aprendieron cómo reunirse con otros jóvenes en pie de igualdad a través del estudio de los contenidos de la fe, cómo dirigirse a otros de forma digital o analógica, cómo formar jóvenes células de fe, cómo servir a la iglesia local, por ejemplo, en la preparación a la confirmación.

El proyecto de laboratorio seguirá desarrollándose para perfeccionar los procedimientos, para ofrecer un mejor apoyo teológico y para reunir más experiencias.

15. Catequesis dialógica en diagrama

Para la distinción que «marca la diferencia» en la catequesis (Gregory Bateson) se requieren transformaciones que quieren ampliar el espectro de lo catequético:

▶ La catequesis dialógica no quiere reemplazar a la catequesis clásica, la catequesis oficial de los obispos y sacerdotes.

▶ La catequesis dialógica es un «método de antesala» en función de apoyo, un método que debería existir porque existen círculos de discípulos para los cuales se exige un aprendizaje orgánico, integral. Se generan así itinerarios de aprendizaje de la fe que capacitan mejor a sus participantes para recibir la orientación (monológica) por parte del magisterio de la Iglesia.

▶ Si en el cuadro siguiente se contrapone de forma muy somera en palabras clave una catequesis monológica a una catequesis dialógica, esto distorsiona, naturalmente, la imagen de la catequesis oficial. Por supuesto que esta última existe de una forma auténtica, útil, y no solamente como caricatura.

> «¿Somos aún una Iglesia capaz de inflamar el corazón? ¿Una Iglesia que pueda hacer volver a Jerusalén? ¿De acompañar a casa? En Jerusalén residen nuestras fuentes: Escritura, catequesis, sacramentos, comunidad, la amistad del Señor, María y los apóstoles... ¿Somos capaces todavía de presentar estas fuentes, de modo que se despierte la fascinación por su belleza?»[76]

La Iglesia no debe caer en el fatalismo como si no existieran medios contra la omnipotencia de la secularización y contra la salida de la siguiente generación de la Iglesia. *Evangelii gaudium* exige la puesta en marcha misionera para salir al encuentro del reto global de la Iglesia católica en el presente: la ruptura en la transmisión de la fe. Por eso la Iglesia **debería seguir caminos nuevos también en la catequesis.**

MONO VS. DIA

Categorías	Catequesis monológica	Catequesis dialógica
Comunicación	Monólogo	Diálogo
Modo	Aprender en clase	Aprender en diálogo
Formación	Formación religiosa por especialistas	Estudio propio acompañado en el seno de la comunidad
Medios	Biblia y catecismo	Biblia y catecismo
Tipo	El que sabe enseña al que no sabe	Búsqueda de la verdad de la fe realizada en común y en pie de igualdad
Catequista	Obispo, sacerdote, catequista	Un catequista que se comprende a sí mismo como discípulo misionero acompañante
La catequesis se dirige a	la cabeza	la cabeza y el corazón
Método	De arriba abajo.	Conciliación entre «de abajo arriba» y «de arriba abajo»
Lugar de aprendizaje	Iglesia, casa parroquial	Sala de estar, pero también internet, comunidad cristiana y escuela
Carácter del evento	Clase de instrucción formal	Enriquecimiento en una atmósfera de hospitalidad
Temas	Toda la fe tal como está dada en el credo, en los sacramentos, en los mandamientos, en la oración de la Iglesia	Toda la fe tal como está dada en el credo, en los sacramentos, en los mandamientos, en la oración de la Iglesia
Proceso	Clase sistemática con empleo de material didáctico	Conversación libre sobre la fe, pero con un procedimiento sistemático en el tratamiento de las preguntas
Idea directriz	El católico bien informado	El católico integrado como sujeto en el cuerpo de Cristo: el discípulo misionero
Meta	Conocer lo que significa ser cristiano	Conducir a una decisión por Jesús y su Iglesia respaldada por la razón
Resultado	Miembro tradicional de la Iglesia como consumidor	Decisión profunda por la asunción de responsabilidad misionera

¿Cómo puede la Iglesia
formar a catequistas
jóvenes para un anuncio
vigoroso?

Parte

02

El plan
de formación
YOUNG MISSIO

young

MISSIO

PÁGINAS 56-69

YOUNG MISSIO

es un **plan de formación para católicos jóvenes** que quieran comprometerse como catequistas.

YOUNG MISSIO responde al *motu proprio Antiquum ministerium* de 2021, en el cual el papa Francisco instituye el «ministerio laical del catequistas» como oficio propio en la Iglesia. Al instituirlo, el Papa pensó especialmente en el «auténtico encuentro con las generaciones jóvenes»[77].

YOUNG MISSIO se dirige conscientemente a una nueva generación de católicos a fin de poner en sus manos los medios para **llegar con el Evangelio a sus contemporáneos en pie de igualdad**. «El Espíritu llama también hoy a hombres y mujeres para que salgan al encuentro de todos los que esperan conocer la belleza, la bondad y la verdad de la fe cristiana»[78]. Con YOUCAT jóvenes católicos conocen la belleza y la fuerza vital de la fe y aprenden a amarla profundamente. Se los capacita para apoyar exitosamente a los sacerdotes y a los agentes titulares de la catequesis.

YOUNG MISSIO presenta un modelo concreto. Está dispuesto de tal forma que se lo **puede adaptar individualmente**, así como **enriquecer o modificar creativamente**. Diócesis, órdenes y comunidades religiosas e iniciativas de laicos pueden también retomarlo tal como está y utilizarlo como plan para una forma menos costosa de formación para catequistas jóvenes.

¿Cómo se puede organizar un curso YOUNG MISSIO?

 Lugar: una casa de formación, un monasterio...

 Marco temporal:

18 a 24 meses

- ▶ seis encuentros de trabajo en fines de semana o varias unidades reunidas en una semana de trabajo de verano
- ▶ entre los encuentros hay conferencias por ZOOM o Teams denominadas «hora de consulta teológica»

 Elementos de la formación

- ▶ una mezcla de orientación espiritual y de charlas catequéticas y teológicas
- ▶ ejercicios prácticos en el pequeño grupo
- ▶ antes del comienzo y entre las unidades del curso: lecturas obligatorias
- ▶ de una unidad a otra: ejercicios en la práctica
- ▶ de forma continua a partir de la unidad 1: acompañamiento y guía

 Objetivos de cualificación

- ▶ familiaridad con la Palabra de Dios
- ▶ capacidad para dar respuesta en la fe según 1 Pe 3,15
- ▶ el «discípulo misionero» como catequista
- ▶ liderazgo en procesos catequéticos
- ▶ cualificación como auxiliar en la catequesis de la comunidad cristiana, en grupos de oración y de intercambio, en círculos bíblicos, en cursos de fe dictados en los domicilios, etc.
- ▶ trato con los medios analógicos y digitales de YOUCAT
- ▶ métodos de transmisión dialógica de la fe

 Método

- ▶ Cada uno de los seis encuentros tiene un tema principal.
- ▶ Cada una de las seis unidades contiene los siguientes elementos:
  - ➡ Escuela de oración
  - ➡ Escuela de fe
  - ➡ Escuela de vida
  - ➡ Escuela de misión

- En cada una de las seis unidades hay un testimonio de fe dado por una persona conocida o reconocida en la Iglesia.
- La mentoría se introduce en el curso y tiene lugar en el acompañamiento del curso por parte de cristianos católicos experimentados.

 ANEXO YM 3

 Medios
- Sagrada Escritura (por lo menos hay que leer la *Y-Biblia* completa)
- *YOUCAT* (debe leerse por completo; en lo posible, también el CEC)
- *DOCAT* (debe leerse por completo)
- *YOUCAT para la infancia* (debe leerse por completo)
- *YOUCAT matrimonio* (debe leerse por completo)

Requerimientos de personal
- un líder del equipo de organización
- un maestro de oración y de vida espiritual experimentado
- sacerdotes para la eucaristía y el sacramento de la penitencia
- teólogos para la catequesis
- mentores / acompañantes espirituales para asistir en el desarrollo personal y espiritual de los participantes en el curso

 Conclusión **ANEXO YM 4**
- Un certificado YOUNG MISSIO extendido por la institución.
- El certificado se extiende tras una conversación final, que no es tanto un «examen», sino que está orientada a producir «compromiso».

Desarrollo estándar

El desarrollo del curso puede adecuarse a las circunstancias locales. Lo importante es una mezcla equilibrada de orientación espiritual, enseñanza catequética y ejercicios prácticos. En cada una de las seis unidades hay no solamente enseñanza e intercambio, sino también adoración, alabanza, eucaristía diaria, posibilidad de confesión. En Alemania ha comprobado sus bondades el siguiente marco:

Día 1	hasta 12:00 h	llegada
	14:00 h	primera unidad
	15:30 h	pausa
	16:00 h	segunda unidad
	17:30 h	alabanza / rosario / adoración
	18:00 h	santa misa
	19:00 h	tercera unidad
	20:30 h	conversación informal, dinámica de la «silla caliente» (los participantes le plantean a un disertante preguntas para ellos urgentes)
Día 2	7:30 h	santa misa
	8:15 h	desayuno
	9:00 h	cuarta unidad
	10:30 h	pausa
	11:00 h	quinta unidad
	12:30 h	comida
	A partir de 13:30 h	posibilidad de confesión, tiempo para conversaciones y asesoría, oración silenciosa ante el Santísimo, caminata con rezo del rosario, etc.
	15:30 h	pausa para el café
	16:00 h	sexta unidad: el testimonio especial de fe
	18:30 h	cena
	20:30 h	encuentro vespertino
Día 3	8:00 h	desayuno
	9:00 h	séptima unidad
	10:30 h	pausa para desocupar las habitaciones
	11:00 h	santa misa solemne
	12:30 h	final con una comida en común

Seis ejes temáticos que abarcan los contenidos centrales de la fe

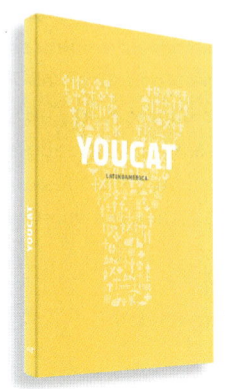 

Por ejemplo:

	Preguntas:	Capítulos:
Dios, pregunta sobre Dios, teodicea	1–6, 30–39, 66	1, 2, 6, 17, 24
Fe y revelación, el ser humano frente a Dios	7–29, 34, 56–59, 61–64, 280–285, 307	3, 4, 17, 18, 26
Jesús, encarnación, salvación	9–10, 39, 60, 71–112, 337–340	5, 7, 25
Dios creador, Dios Espíritu Santo, la Iglesia	23, 40–50, 113–145, 203–207	1, 8, 10
Los sacramentos (selección a modo de ejemplo)	169, 172–178, 194–202, 208–239	9, 11, 12, 19
Vocación y seguimiento, vida cristiana, Doctrina Social de la Iglesia	34, 248–259, 260–271, 286–298, 321–333, 477	13, 14, 15, 16, 18, 21

¿Qué preparativos requiere un YOUNG MISSIO?

Hay que anunciar y publicitar el curso: para ello se ofrece una plantilla que puede adaptarse.

▶ **MUESTRA EN ANEXO YM 1**

Los candidatos reciben un cuestionario para la selección: es muy importante que los candidatos examinen atentamente si son psíquicamente sanos, si satisfacen las exigencias intelectuales, si son fiables y están suficientemente integrados en la Iglesia.

▶ **ANEXO YM 2**

Hay que encontrar mentores. Qué son los mentores, qué función tienen en el curso y cómo se los forma y acompaña puede encontrarse en el Anexo YM 3.

▶ **ANEXO YM 3**

Entonces se puede comenzar...

DESCARGAS

Todos los anexos YOUNG MISSIO que aparecen en las páginas siguientes pueden descargarse del sitio web de YOUCAT en un cómodo formato A4 para su impresión, adaptación y distribución.

 **ANEXO YM 1**   ANUNCIO / VOLANTE YOUNG MISSIO

El curso YOUCAT de catequistas para personas de entre 18 y 30 años

CATEQUISTAS YOUNG MISSIO

▸ Les apasiona transmitir la fe católica.

▸ Saben lo que cree la Iglesia entera.

▸ Quisieran desarrollarse personalmente a través de una guía y acompañamiento.

▸ Conocen los métodos con los que la fe pasa de corazón a corazón.

¿Es adecuado el curso para mí?

▸ ¿Tienes entre 18 y 30 años y te apasiona compartir con otros tu fe católica y transmitirla?

▸ Entonces, el curso YOUCAT YOUNG MISSIO es adecuado para ti.

¿Qué sucede en el curso?

▸ Profundizas tu relación con Dios y adquieres fuertes convicciones de fe que te sostienen durante toda tu vida.

▸ Das un paso decisivo hacia Jesús.

▸ Crece en ti una visión y te conviertes en uno de aquellos que defienden la belleza de la fe en Dios.

▸ Aprendes de maestros de fe experimentados y de buenos teólogos que no dejan fuera ninguna pregunta.

▸ Estás en compañía de gente que, como tú, son discípulos misioneros y arden por el Evangelio.

▸ Descubres tus posibilidades y capacidades y adquieres las herramientas que puedes emplear para la transmisión de la fe.

▸ Puedes dar tú mismo cursos de fe, comprometerte con la comunidad cristiana, dictar cursos de confirmación, ayudar en la preparación para la primera comunión.

¿Qué te espera?

▸ chocolate y mística…

▸ material para la cabeza y alimento para el alma…

▸ vuela alto e inclínate…

¿Cuánto cuesta?

El curso (seis unidades en un fin de semana) cuesta en total… Los costes de alojamiento y de comida se abonan directamente a la casa donde se realiza el curso. Esos costes ascienden aproximadamente a …

¿Qué debo hacer?

▸ Apúntate en…

▸ Recibirás un cuestionario para tu motivación.

▸ Debes enviar el cuestionario dentro de un plazo de diez días.

▸ Recibirás luz verde y un paquete con libros que necesitarás durante el próximo año y medio.

▸ Haz tus maletas y alégrate.

¿Cuándo comienza?

▸ Indicar las fechas.

¿Quiénes forman el equipo?

▸ Dar una lista de los colaboradores.

¿Cómo llego al lugar del curso?

Más detalles sobre la llegada en transporte público o en vehículo privado puedes obtener en https://dirección de internet

¡Presenta ahora tu solicitud!

▶ Eventualmente, ofrecer un formulario modelo con las indicaciones más importantes del candidato.

Por ejemplo:

Solicitud

Por la presente solicito plaza en el curso de catequistas YOUNG MISSIO:

Nombre: Apellido/s:

Calle: Localidad:

Teléfono: Dirección electrónica:

Por favor, agrega a tu solicitud una carta con tres documentos:

a) tu motivación;

b) un breve *curriculum*;

c) una recomendación emitida por un párroco o por el director de una comunidad espiritual.

☐ Tras la aceptación de la solicitud pagaré por adelantado en concepto de aranceles del curso XXX mediante ingreso o transferencia a la cuenta: IBAN………

Los costes del alojamiento y comida los pagarás en el lugar.

Envía tu documentación a: ……

▼ ANEXO YM 2   La selección YOUNG MISSIO (cuestionario)

La selección YOUNG MISSIO

Catálogo de preguntas a los potenciales candidatos

▶ ¿Qué es lo hermoso en tu fe?

▶ ¿Por qué quisieras entusiasmar a otros por la fe?

▶ ¿Cómo te comprometes ya hoy por el Evangelio, por Dios, por la Iglesia?

▶ ¿Has asumido ya alguna vez tareas de liderazgo?

▶ ¿Conoces tus fortalezas? ¿Conoces tus debilidades?

▶ ¿Has experimentado ya alguna vez reveses en tu servicio?

▶ ¿Cómo te imaginas a Dios?

▶ ¿Lees la Sagrada Escritura? ¿Hay algún pasaje de la Biblia que te dice mucho?

▶ ¿Cómo oras? / ¿Qué oraciones te fortalecen?

▶ ¿Con qué santo te sientes especialmente vinculado?

▶ ¿Qué tan importante es para ti la eucaristía?

▶ ¿La Iglesia despierta amor en ti o te cuesta amarla?

▶ ¿Cómo gestionas adicciones / dependencias?

▶ ¿Tuviste en los últimos años algún problema psíquico o graves problemas físicos? ¿Qué haces cuando te sientes deprimido?

▶ ¿Por qué quieres hacer este curso? ¿Cómo te enterase de la existencia del curso?

Por supuesto, el cuestionario puede adecuarse a las necesidades locales.

ANEXO YM 3   MENTORES PARA YOUNG MISSIO

¿Qué es un «mentor»?

Un mentor es una persona experimentada, algo mayor, que toma bajo su cuidado a una persona más joven, menos experimentada (el aprendiz) y le transmite su experiencia de vida y su conocimiento. La palabra proviene originalmente de la mitología griega: Mentor era el amigo de Ulises, quien veía en él al educador y consejero ideal para su hijo Telémaco.

¿Qué papel desempeña el «mentor» en YOUNG MISSIO?

YOUNG MISSIO es un curso de catequistas para personas jóvenes de entre 18 y 30 años. El curso se basa en cuatro «escuelas»: una escuela de oración, una escuela de fe, una escuela de misión y una escuela de vida. Los mentores acompañan a los aprendices en la «escuela de vida». Como discípulo misionero con experiencia de vida y de fe, el mentor presta un servicio de amistad a una persona joven que acaba de ponerse en camino. Se le ofrece como interlocutor, como acompañante y guía, consejero, amigo, compañero de camino, «ayudante durante el alumbramiento» de alguien que se pone en el seguimiento Cristo. Le ayuda a descubrir sus dones y su carisma. Le da ánimos y gusto para vivir una vocación para el reino de Dios. El mentor acompaña a diario el camino del aprendiz en la oración. La comunidad de los mentores simboliza la «nube de testigos» (Heb 12,1) y la comunión de todos, que sostiene la fe del individuo.

¿Quién puede ofrecerse como mentor?

Mentor en YOUNG MISSIO puede ser cualquier cristiano católico que viva la fe de la Iglesia en unión personal con Jesús, que haya encontrado su felicidad en esa fe y que ya haya recorrido un tramo significativo en ella. También se puede prestar el servicio de mentor como matrimonio. Los mentores no tienen por qué ser teólogos. Pero tienen que ser discípulos misioneros y «testigos de Cristo»: «Glorifiquen en sus corazones a Cristo, el Señor. Estén siempre dispuestos a defenderse delante de cualquiera que les pida razón de la esperanza que ustedes tienen» (1 Pe 3,15).

Cont. Anexo YM 3   Mentores para YOUNG MISSIO

¿Cómo me convierto en mentor para el curso YOUNG MISSIO?

Quien se sienta atraído por el servicio de mentor y se declare dispuesto a desempeñarlo llena una tarjeta de mentor (véase modelo más abajo). Al comienzo de un curso YOUNG MISSIO se exponen sobre una mesa tantas tarjetas de mentores como participantes hay en el curso. Cada participante es invitado a escogerse un mentor o matrimonio de mentores con el cual entra en contacto y permanece en diálogo a lo largo de todo el tiempo del curso (o sea, un año y medio). El mentor tiene que estar dispuesto a asumir esa tarea y a llevar diariamente su tarea y a su protegido ante la presencia de Dios.

¿Cómo se desarrolla el contacto entre el mentor y el aprendiz?

El contacto puede configurarse libremente y depende de ambas partes: se puede mantener el diálogo por teléfono, por Zoom, por Teams, por correo o de cualquier manera imaginable. Tal vez se dé también un encuentro personal, una invitación, una caminata en común.

¿Se prevé una formación para los mentores en YOUNG MISSIO?

Sí: antes del comienzo del curso está prevista una tarde en la que todos los mentores se conocen a través de Zoom y se enteran de más detalles sobre su servicio. Al promediar el curso y al final habrá otros encuentros por Zoom en los que los mentores pueden intercambiar sobre su servicio.

YOUNG MISSIO
Mentor

Luis Alfredo
Casado, tres hijos
Profesor
Pasatiempo: lectura, fútbol

Santa María, 27
86716 Guadalajara
Lualf1992@gmail.com
0151-15177756267

No soy perfecto, pero soy un cristiano católico entusiasta, busco la amistad con Jesús y amo a la Iglesia, a sus santos, su liturgia, sus tesoros espirituales.

Estoy dispuesto a acompañar a alguien como mentor por el camino hacia una fe más profunda. Me alegro de conocerte.

▼ ANEXO YM 4   EL CERTIFICADO YOUNG MISSIO

Ha participado con éxito en la

Formación de catequistas YOUNG MISSIO

y ha adquirido conocimientos fundamentales
sobre la Sagrada Escritura, la doctrina de la Iglesia
y los métodos de transmisión de la fe.

Merece la confianza de sacerdotes
y colaboradores pastorales.

Fecha, lugar   Firma

Institución

¿Cómo pueden
los sacerdotes, catequistas
y dirigentes espirituales
perfeccionarse en una
catequesis innovadora?

Parte

03

Train the Trainer
Curso de siete días

Train
the trainer

PÁGINAS 70-97

Train the Trainer

es un curso de 7 días para todos aquellos que ya están implicados en la catequesis y la transmisión de la fe y quieren aprender a utilizar materiales catequéticos innovadores y una «catequesis dialógica» para llegar al corazón y al entendimiento de una nueva generación de jóvenes cristianos y regalarles la fe de la Iglesia.

El curso fue desarrollado por YOUCAT India, vinculada oficialmente con la Conferencia Episcopal India, en cooperación con la Fundación YOUCAT.

Breve relación de símbolos

 Meta

 Regla

 Conferencia

 Pleno

 Pequeños grupos

 Actividades diarias

Grupo destinatario

▷ catequistas de dedicación total o parcial
▷ formadores en catequesis
▷ dirigentes espirituales
▷ sacerdotes y religiosos

Método y procedimiento

▷ Invitamos a un estilo nuevo de catequesis denominado «catequesis dialógica».
▷ Tratamos con los formadores de forma tan dialógica como ellos mismos deberán tratar después con los que participen en la catequesis.
▷ Nos esforzamos por cuatro cosas:
   ⇒ **calidez** de la recepción (cultura de la bienvenida)
   ⇒ **exhaustividad** en la escucha (escuchar a Dios, escucharse mutuamente)
   ⇒ **profundidad** de la comunicación (compartir de forma global fe y vida)
   ⇒ **apertura** a las consecuencias (llegar a ser libre para la decisión y la entrega)

Ventajas de participar en *Train the Trainer*

▶ **Capacitas** a otras personas para amar más profundamente a Dios, la fe y la Iglesia y para participar como «discípulos misioneros» en la transmisión de la fe.

▶ **Transmites** no solamente conocimientos, sino que, a través de procesos de aprendizaje en común, abres un camino vivo, nuevo, para la construcción de una comunidad en la fe.

▶ **Dispones** de herramientas modernas para la misión con las que puedes trabajar. Estás en condiciones de desarrollar tus propias herramientas, con las que puedes involucrar participativamente a tu gente en la transmisión de la fe.

▶ Por la participación en TTT te **cualificas** para tareas de responsabilidad en el lugar en el que Dios te ha colocado.

▶ **Conoces** los libros y las posibilidades digitales de YOUCAT, pero también puedes trabajar con otros materiales aprobados por la Iglesia.

Material del curso

▶ Trabajamos con la Sagrada Escritura, con *YOUCAT* (alternativamente, con el CEC), con *DOCAT* (Doctrina Social de la Iglesia), con la *Y-Biblia*, con *YOUCAT para la infancia*, con *YOUCAT Amor para siempre* y con el manual *YOUCAT Catequesis dialógica*.

▶ Todos los anexos del curso que aparecen aquí en el libro están a disposición en formato digital para su descarga para el trabajo. Todos ellos han sido desarrollados de forma participativa con la intervención de muchas personas.

Lectura complementaria

▶ *YOUCAT* Prólogo – papa Benedicto XVI

▶ *YOUCAT Catequesis dialógica. Un proyecto innovador para la práctica*

▶ Otros materiales de la formación local

Duración y horario

Train the Trainer (TTT) dura siete días.
▶ en los que te ocupas de la teoría
▶ y ejercitas de forma práctica lo aprendido.

Ofrecemos tres opciones para TTT:
▶ **Modo *online*:** seis tardes de viernes con dos semanas entre las sucesivas sesiones (p. ej., por Zoom)
▶ **Modo *offline* A:** siete días sucesivos en un monasterio, una casa de formación de la Iglesia o un centro parroquial
▶ **Modo *offline* B:** dos a seis sesiones de dos horas cada una, con dos semanas de pausa entre sesiones (en un monasterio, una casa de formación de la Iglesia o un centro parroquial)

Para el **modo *online*** y para el **modo *offline* B** recomendamos realizar las unidades prácticas cada día entre las dos semanas con un pequeño grupo de cinco jóvenes.

Equipo

▶ por lo menos dos o tres «discípulos misioneros» ya formados en catequesis dialógica
▶ un maestro carismático de oración que tenga también el don del discernimiento
▶ un responsable de logística y organización
▶ un sacerdote para kerigma y administración de los sacramentos
▶ miembros del equipo para la alabanza, la adoración, la liturgia y la intercesión

Puntos fijos del horario

Cada día se celebra la santa misa, hacemos adoración y damos tiempo para la oración personal. Existe también la posibilidad de guía y acompañamiento, como asimismo de confesión sacramental.

DESCARGAS

Todos los anexos *Train the Trainer* que aparecen en las páginas siguientes pueden descargarse del sitio web de YOUCAT en un cómodo formato A4 para su impresión, adaptación y distribución.

DÍA 1

Meta del día: «espacio seguro».

Regla: crea para los participantes un «espacio seguro», un espacio en el que puedan sentirse íntegramente aceptados y valorados, y puedan hablar con libertad.

Elementos del trabajo con los participantes:
Los participantes llegan y se asombran de la cordialidad y hospitalidad con la que se los recibe.

Meta interior: entrar en contacto en pie de igualdad con cada participante (menos tiempo de actuación propia, más tiempo para el encuentro personal).

Rueda de presentación: los directores y los participantes se presentan.
Conferencia: cómo se crea un espacio seguro.
Pleno: espacio seguro. ▶ **Anexo TTT 1**

Conferencia: imágenes de Dios para presentarles a los participantes imágenes erróneas de Dios y conducirlos a una representación correcta de Dios.
Puntos importantes:
▶ imágenes erróneas como abuelo, policía, titiritero...
▶ *Christus vivit* 112ss.
▶ *YOUCAT*, preguntas 30-40

Alternativa: pequeños grupos o ejercicio práctico.
Pequeños grupos: GRUPO DE ESTUDIO sobre las imágenes de Dios ▶ **Anexo TT T 2,3**
▶ Contempla las distintas imágenes. ¿Qué Dios encuentras representado en ellas? ¿Qué hay correcto y qué hay de erróneo en las distintas imágenes? ¿Qué imagen transmiten ustedes en su trabajo con la comunidad cristiana?
Ejercicio práctico: El perfil de mi grupo destinatario. ▶ **Anexo TTT 4**

Cada uno presenta sus resultados en el pleno.

Actividades diarias: santa misa, adoración, tiempo para la oración personal, acompañamiento y guía, confesión sacramental, posibilidad de encontrarse con el equipo para reflexionar cómo se puede cooperar.

DÍA 2

Meta del día: desaprender la fe y aprenderla de nuevo.

Regla: recorre el camino que va del catequista solitario al «discípulo misionero» en comunidad. Aprende a redescubrir la fe fiable de la Iglesia en una comunidad que ofrece estima.

Elementos del trabajo con los participantes:

Conferencia: por qué se ha de conocer la fe en comunidad y no en solitario.

Pleno: mis desafíos: cada uno habla sobre sus desafíos y sobre las dinámicas que observa en los grupos.

Pleno: concurso «desaprender». Para comprender hoy a los jóvenes en su contexto social y medial es necesario que los líderes comprendan la cultura de la juventud.

Pequeños grupos: aprender o desaprender la fe en la familia.
- ¿Qué les debo a mis padres?
- ¿Dónde tendría que conquistarme la fe en contra de las concepciones de mis padres?
- ¿Con qué personas vivo en concreto mi fe? ¿Con quiénes hago oración? ¿Con quiénes intercambio?

Actividades diarias: santa misa, adoración, tiempo para la oración personal, acompañamiento y guía, confesión sacramental, posibilidad de encontrarse con el equipo para reflexionar cómo se puede cooperar.

Fuentes de inspiración importantes
- Lc 10: «Misión de los discípulos»
- Parte 1, pp. 31-35
- Prólogo al *YOUCAT*
- EVANGELII GAUDIUM 4, 29, 178-179
- CHRISTUS VIVIT 110
- Directorio para la Catequesis 21, 28, 50

▶ **ANEXO TTT 5**

Propuesta de procedimiento:
- Copia la tabla (TTT 5).
- Borra los contenidos de las columnas 2 y 3.
- Los participantes deben:
  a) descubrir los contenidos de los conceptos y
  b) (columna desaprender) describir el miedo que se esconde detrás de los conceptos.
- Desde luego, se pueden escoger o agregar como complemento conceptos locales importantes.

DÍA 3

Meta del día: el método de la catequesis dialógica

Regla: aprende a dirigir una conversación de fe sin adoctrinar. Escucha. Da espacio a Dios. Acompaña el crecimiento de convicciones en la fe. Sé un «ayudante en el alumbramiento» cuando jóvenes aprenden a identificarse plenamente con Jesús y con la Iglesia.

Elementos del trabajo con los participantes:

Conferencia: Cómo se llega a un diálogo efectivo en la catequesis.

▶ **VÉASE PARTE 1, PP. 38, 47-49, 55**

Puntos importantes:
- ▶ Presto atención a los signos de comunicación no verbal.
- ▶ Conozco los signos de una buena y mala comunicación.
- ▶ No abrumo a los demás con mis conocimientos.
- ▶ Sé que el diálogo es un dar y recibir.
- ▶ De ese modo, el otro se siente aceptado, puede desarrollarse libremente y adquirir firmes convicciones propias a fin de llegar a ser verdaderamente «conquistador» y no transmitir solamente conocimientos ajenos.

Pequeños grupos: Lee el texto *Know, Meet, Share, Express* y medítalo con tranquilidad pensando en tus jóvenes:
- ▶ ¿Qué podría significar el «*Know*» para ellos?
- ▶ ¿Cómo podría darse concretamente el «*Meet*»?
- ▶ ¿Cómo cambiaría tu grupo si se diese el «*Share*»?
- ▶ ¿Qué consecuencias creativas podría tener el «*Express*».

▶ **VÉASE PARTE 1, PP. 43-44**

Intercambien en el pleno (o en los pequeños grupos) al respecto.

Continuación día 3

O, alternativamente:

Ejercicio práctico: Juego de roles. ¿Cómo modero un GRUPO DE ESTUDIO?

Lee al respecto: «Funda un GRUPO DE ESTUDIO».

▶ **ANEXO TTT 6**

▶ Mira en YOUCAT las guías de estudio (página web de YOUCAT)

▶ Toma una de las guías de estudio.

▶ Haz un juego de roles: tú eres el director y encuentras a cuatro personas que representa un papel.
  ➡ el tipo megapiadoso
  ➡ el tipo aburrido, que se entretiene con el teléfono celular
  ➡ el escéptico
  ➡ el cristiano liberal, que tiene comprensión por todo

▶ El pleno te da sus opiniones.

Ejercicio individual: examen de conciencia

Los participantes responden por sí personalmente:
▶ ¿Dónde he sido ya alguna vez «dialógico» en mi transmisión de la fe?
▶ ¿Dónde he sentido ya alguna vez que no llegaba al corazón de los participantes? ¿Dónde permanecieron mudos?
▶ ¿Qué puedo hacer para llegar a atraer y conquistar más a los demás?
▶ ¿Ha habido en mi vida alguna situación en la que Dios me habló a través de otra persona?

Actividades diarias: santa misa, adoración, tiempo para la oración personal, acompañamiento y guía, confesión sacramental, posibilidad de encontrarse con el equipo para reflexionar cómo se puede cooperar.

Jesús en el centro

El catequista dialógico cuida de que no esté él mismo en el centro, sino Jesús. Cuenta con que Jesús puede entrar en cada momento, invita a Jesús y piensa: si Jesús no está en el centro, todo es en vano.

El líder del GRUPO DE ESTUDIO como director de juego

En el básquet existe el puesto del playmaker, que arma jugadas. Es el primero que tiene el balón y que penetra driblando en el campo del equipo contrario. Pero su primera tarea no es encestar él mismo, sino guiar a su equipo de tal manera que todos juntos obtengan la victoria. **Su tarea es el juego de combinación**: hace pases de tal manera que otros pueden encestar.

Los malos líderes de GRUPO DE ESTUDIO son como malos directores de juego: piensan que tienen que tener el balón todo el tiempo y que solo ellos pueden encestar. Solo ellos poseen la verdad completa, solo ellos pueden explicar lo que es correcto y lo que es falso. Pero, en realidad, el que ha de obrar es Dios: el balón del Espíritu Santo tiene que saltar de uno a otro. A menudo algo sale a relucir en la lucha común por la verdad. A menudo Dios habla a través del pequeño, del que no tiene apariencia, del sencillo. Entonces se produce un «momento Espíritu Santo». Todos saben: en este momento, estamos siendo tocados por una verdad de Dios. Jesús habla, nuestros corazones se transforman.

A veces el catequista no es solamente el director de juego, sino también el encestador. Él da testimonio; corrige; dice lo que constituye la fe de la comunidad de la Iglesia. El papa Francisco da al juego el nombre de «sinodalidad»: en la escucha de la Palabra de Dios y de la fe de la Iglesia, todos deben dar voz a su propia vida.

DÍA 4

Meta del día: el principio de la participación

Regla: sé la *communio* que ofreces. Estás para el «empoderamiento», para la participación y capacitación de las personas de tu grupo, para el reconocimiento de su vocación. Tú abres el cofre del tesoro de la Iglesia: conduces a los sacramentos y a la Palabra de Dios.

Elementos del trabajo con los participantes

Conferencia: El principio de la participación

▶ **VÉASE PARTE 1, P. 50**
▶ **ANEXO TTT 7**

Ejercicio práctico:
Juego: «La casa de la fe»

▶ **ANEXO TTT 8**

Pequeños grupos:
Presenta tu trabajo con los jóvenes ... y muestra cómo das participación a la gente joven

Fuentes de inspiración importantes:
➡ CHRISTUS VIVIT 7
➡ EVANGELII GAUDIUM 120
➡ Cardenal Schönborn: «Cuando se hace algo para jóvenes hay que hacerlo con ellos».

Reunión final:
Los participantes informan sobre sus experiencias de aprendizaje. Pregunta guía: «¿Qué es lo más importante?»

➡ Papa Francisco: «¿Saben cuál es el mejor medio para evangelizar a los jóvenes? Otro joven. [...] No tengan miedo de ir y llevar a Cristo a cualquier ambiente, [...] también a quien parece más lejano, más indiferente» *(Discurso Homilía del 28 de junio de 2013, durante la Jornada Mundial de la Juventud en Río de Janeiro, Brasil).*

Actividades diarias: santa misa, adoración, tiempo para la oración personal, acompañamiento y guía, confesión sacramental, posibilidad de encontrarse con el equipo para reflexionar cómo se puede cooperar.

➡ La historia del *YOUCAT* y cómo se llegó a la integración de jóvenes en su redacción (cf. Parte 1, p. 39)

DÍA 5

Meta del día: herramientas y programas

Regla: conoce las herramientas analógicas y digitales y los programas con los que puedes trabajar concretamente. Aprende a dirigirte a las personas de múltiples maneras.

Elementos del trabajo con los participantes

Conferencia: Los libros y herramientas digitales de YOUCAT y lo que los participantes pueden hacer con ellos.

▶ **VÉASE PARTE 1, P. 46**

Pequeños grupos:
▶ Cuál es la misión del *YOUCAT*?
▶ ¿Cuál es la misión del *DOCAT*?
▶ ¿Cuál es la misión de la *Y-Biblia*?

▶ **PRÓLOGO AL *YOUCAT***
▶ **PRÓLOGO AL *DOCAT***
▶ **PRÓLOGO A LA *Y-BIBLIA***

Intercambio en el pleno

Conferencia: Catequesis con niños y niñas

▶ **PRÓLOGO E INTRODUCCIÓN AL *YOUCAT* PARA LA INFANCIA**

Ejercicio práctico: La catequesis de los monigotes
▶ En el pequeño grupo se reparten hojas con ilustraciones de monigotes.
▶ Los participantes deben decir qué reconocen los niños en esas ilustraciones.
▶ Los participantes deben reconocer dónde los niños los invitan por iniciativa propia a un diálogo de fe y a la catequesis.
▶ Pregunta guía: ¿Por qué es importante que los niños den el impulso?

▶ **ANEXO TTT 9**

Actividades diarias: santa misa, adoración, tiempo para la oración personal, acompañamiento y guía, confesión sacramental, posibilidad de encontrarse con el equipo para reflexionar cómo se puede cooperar

DÍA 6

Meta del día: tu propio programa

Regla: construye de nuevo el trabajo concreto en tu comunidad cristiana. Al hacerlo ten en cuenta que ofreces cuatro elementos: una escuela de oración, una escuela de fe, una escuela de vida y una escuela de misión.

Elementos del trabajo con los participantes

Conferencia: Las cuatro escuelas de la fe

▶ VÉASE PARTE 1, PP. 52-53

Ejercicio individual: confecciona un plan de tu propio programa para casa (frecuencia, duración, temas, herramientas, programas, equipo con gente joven).

Pleno: todos presentan su programa y reciben comentarios.

Conferencia: ¿Y si nada funciona? El principio tándem.

▶ ANEXO TTT 10

Ejercicio práctico vespertino: cocinamos juntos. ¡Una cena festiva! ¡Y celebramos!

Actividades diarias: santa misa, adoración, tiempo para la oración personal, acompañamiento y guía, confesión sacramental, posibilidad de encontrarse con el equipo para reflexionar cómo se puede cooperar

DÍA 7

Meta del día: El camino hacia un proyecto-faro

Regla: aprende cómo, en amistad con otros, puedes construir una obra que irradie y en la que muchos participen con sus propios dones: comunidades de aprendizaje de la fe que se reúnen en torno al altar.

Elementos del trabajo con los participantes

Conferencia: El camino hacia un proyecto-faro

Ejercicio individual: Si se te aparece el arcángel san Miguel...
- ▶ Ve por veinte minutos a la adoración.
- ▶ El arcángel san Miguel te dice: puedes formular un deseo para un proyecto-faro catequético. El arcángel te despeja todos los obstáculos.
- ▶ Paso uno: expresa tu sueño en una frase y escríbela en una hoja.
- ▶ Paso dos: ¿Qué deberías haber alcanzado en veinte años, en diez, en cinco y en un año para que tu sueño se haga realidad?
- ▶ Paso tres: ¿A qué tienes que dar impulso la semana próxima?

Inspiración
Desarrollamos una visión... ¿Cómo puede crearse a mediano o a largo plazo un lugar en el que se sometan a prueba las herramientas y los programas del futuro, un lugar al que pueda acudir la gente que les pide ayuda sobre cómo avanzar en la catequesis dialógica?

Fin del taller en el pleno:
- ▶ ¿Qué te llevas de este TTT? ¿Cuál es tu visión?

Misa solemne con envío

Anexo TTT 1

Diez puntos que crean un «espacio seguro»

1. Crea un espacio en el que no exista ninguna separación por dinero, sexo, lengua, estatus y nivel de fe. Lo lograrás si vas hacia los participantes como Jesús (mejor aún: con Jesús).

2. El primer mandamiento de un «espacio seguro» es discreción absoluta. Lo que se habla permanece dentro de ese espacio. Y eso se aplica no solamente a cuestiones espirituales, sino a todos los ámbitos de la vida. No juzgamos cuando se comunican secretos —como aborto, homosexualidad, fracturas en la familia, etc.—. Las habladurías son veneno para cualquier comunidad.

3. Plasma un espacio en el que quepan también las expectativas no expresadas de una persona joven, por ejemplo, la necesidad de tener amigos, de contar con ayuda en la búsqueda de trabajo, etc.

4. Ten presente que solamente en un «espacio seguro» puede crecer algo grande y duradero: por ejemplo, que alguien llegue a ser más maduro, que se encuentre con Jesús y confíe cada vez más en él.

5. Cuida de que se suscite un espacio en el que una persona joven pueda hablar y no se sienta rechazada por las reacciones no verbales. Se puede herir profundamente a una persona si, habiendo dado una respuesta errónea, se le da la espalda o se la ignora tácitamente.

6. Fíjate que no se formen «bandas», o sea, grupos cerrados. En todo GRUPO DE ESTUDIO se verán rostros viejos y nuevos. Los líderes tienen que cuidar de que todos estén abiertos a todos. Nadie debe experimentar marginación en un grupo semejante.

7. Las cosas en común surgidas durante una sesión de GRUPO DE ESTUDIO pueden proseguirse durante la semana a través de canales digitales. (En la India se ha desarrollado un módulo digital de administración en el que se enseña a los jóvenes cómo pueden encontrarse en WhatsApp y en los medios sociales sin volverse adictos a ellos).

8. Piensa en que hay que asegurar sin falta la atención pastoral. Por experiencia se sabe que a través del trabajo combinado con la Biblia y el catecismo se producen transformaciones, incluso milagros. Hay ataques espirituales, se abren heridas interiores; la cosa se vuelve existencial. Se necesita a un eclesiástico que ofrezca atención pastoral también a los líderes. Estos también tienen debilidades. Un grupo YOUCAT es una familia. El vínculo y el amor son fuertes, pero también lo son los conflictos. La vulnerabilidad del líder alentará a los jóvenes a buscar por sí solos ayuda en la comunidad.

9. Un espacio seguro le permite a una persona joven ser copartícipe en la acción creadora de Dios: hagan ustedes posible que los jóvenes asuman tareas para el grupo.

10. El «espacio seguro» de Dios es la oración. Pídanles a personas de su confianza (quizá a un convento de contemplativos) que los sostengan en la oración y que pidan para ustedes el Espíritu Santo.

En YOUCAT India tenemos dos sacerdotes a los que los jóvenes pueden recurrir para resolver conflictos. Hasta ahora he recibido unas cinco quejas de jóvenes de nuestros programas YOUCAT sobre mí misma y he requerido sesenta horas de asesoramiento a fin de mejorar en mí esos ámbitos. No hay nada malo en recurrir al asesoramiento o en buscar ayuda.

Maria Francis, India

Anexo TTT 2

Imágenes de Dios

Del *YOUCAT para la infancia*

ANEXO TTT 3

Imágenes de Jesús

Anexo TTT 4

El perfil de mi grupo de destinatarios

Rellena el siguiente **cuestionario**:

▶ Haz un ejercicio de imaginación:
imagínate durante cinco minutos a algunos participantes.

▶ ¿Qué aspecto tienen?
¿Qué postura asumen frente a ti?
¿Qué tan profunda es la unión que ya tienen con Dios?

▶ ¿Qué piensas? ¿Con qué problemas individuales acude
a ti tu gente en el curso?
¿Qué cosas los hacen sufrir?
¿Cuáles son sus sueños?

▶ ¿Qué pasará si no encuentran una comunidad, si no encuentran ayuda alguna para resolver sus problemas?
¿Cómo se desarrollarán si no dejan que Dios toque su
corazón?

▶ ¿Qué debería incorporar en mi programa a fin de reco-
gerlos en su situación concreta y de indicarles el camino
hacia la vida?

▼ ANEXO TTT 5

Conceptos de la cultura juvenil

Concepto	Significado	Desaprendizaje
FOMO	*Fear of missing out*	Miedo a perderse algo, a no poder pertenecer, a quedar al margen, a no ser una persona plena, a no poder realizarse personalmente.
Gentrificación	Inversores compran por completo sectores de las ciudades y desplazan a los pobres.	Miedo a perder el hogar y las propias bases vitales, a estar expuesto a una violencia anónima.
Sexting	Describe el envío y la recepción de imágenes y noticias pornográficas de la propia persona.	Miedo a perderse la aventura de la sexualidad. Para los hombres: sentirse dominante y fuerte. Para las mujeres: ser vista, amada y aceptada.
Castidad emocional	La virtud de buscar amor real, de no dejarse atrapar por las «películas» ficticias de la propia mente.	Miedo a enfrentar la realidad, a naufragar en la banalidad, a no ser ninguna «reina».
Bombardeo amoroso	Cuando alguien abruma directamente a otro con su amor; eso esconde a menudo un afán de posesión.	Por un lado, el miedo a ser rechazado si no se accede a los avances de la otra persona; por el otro lado, miedo a no tener otra forma de llegar a la meta de los propios deseos.
Relaciones tóxicas	Relaciones envenenadas en las que se instrumentaliza el amor.	Por un lado, el miedo a dejar de ser amado si no se toma el «veneno»; por el otro, el miedo a solo poder asegurar el amor mediante violencia y trucos.
YOLO	*You only live once* (solo vives una vez).	Miedo a aburguesarse, a no encontrar diversión cuando se actúe de forma adulta, normal o razonable, a perderse algo si no se ignoran los peligros o las reservas morales.
Humillación corporal	Discriminación de una persona a raíz de su figura corporal.	Miedo a perder el dominio. Miedo a que se haga visible la propia inseguridad.
Sex drive	Impulso sexual.	Miedo a quedar a merced de los propios instintos.
Binge-watching	Atracón de consumo los medios; consumo insensato de los medios.	Miedo a estar solo consigo mismo, a tener que enfrentar los propios problemas.
Sus	*Suspect.* Alguien le resulta a uno sospechoso.	Miedo a cosas, situaciones o personas que no se adecúan a la propia realidad vital.
Pick me	Comportamiento que se orienta totalmente por el otro sexo.	Miedo a no ser visto o querido por el otro sexo.
Body count	El número de relaciones sexuales que se ha tenido.	Miedo a no tener éxito en lo sexual.

Anexo TTT 6

Funda un GRUPO DE ESTUDIO

¿Qué es un GRUPO DE ESTUDIO?
Un GRUPO DE ESTUDIO es un curso de fe con el *YOUCAT*. Tú invitas a aquellos amigos tuyos que quieran hacer contigo un viaje de aventura por la fe. Se encuentran en casa. Hay modelos de trabajo muy fáciles de aplicar. Se suscitan conversaciones profundas. Puedes dar testimonio. Tú y los participantes se convertirán en una apasionante comunidad en torno en Jesús.

¿Quién puede participar en un GRUPO DE ESTUDIO?
Todos aquellos que tengan interés en profundizar su fe.

¿Con qué modelos de trabajo puedes trabajar?
Este es el aspecto que tiene un modelo de trabajo.

El modelo consta de los siguientes elementos:
- un tema, una pregunta...
- una oración...
- una cita de la Sagrada Escritura...
- una pregunta del *YOUCAT*...
- preguntas para animar la conversación sobre la fe...
- un «reto»

¿Dónde puedo encontrar modelos de trabajo para un encuentro de GRUPO DE ESTUDIO?

Aquí puedes encontrar modelos en las siguientes lenguas: inglés, francés, portugués, español, polaco, alemán.

¿Puedo desarrollar yo mismo modelos de trabajo para un GRUPO DE ESTUDIO?
Desde luego, y es algo muy sencillo. Tomas una pregunta del *YOUCAT* y te orientas por el esquema.

¿Qué exigencias se plantean a un líder de GRUPO DE ESTUDIO?

Cosas imprescindibles:
- Eres un «discípulo misionero». Te importa mucho compartir la fe con otros.
- Te has decidido por Jesús y amas a su Iglesia.
- Tu saber es «vivo»: puedes dar testimonio de tu fe, de tu experiencia con Jesús.
- Eres un «catequista dialógico», alguien que escucha, que comparte su fe y que toma consigo a otros en el camino hacia Dios.

Cosas inadmisibles:
- Crees tener siempre la razón y eres un apóstol de la moral.
- Odias las conversaciones y tienes los oídos sordos.
- Te has distanciado de la Iglesia.
- Vives como se te antoja y no te importan para nada los mandamientos y preceptos de la Iglesia.

 ANEXO TTT 7

El secreto de la participación

El secreto del modo en que cristianos pasivos pueden convertirse en ardientes seguidores de Cristo y discípulos misioneros está en la **participación**.

¿Cómo puede un catequista actuar de tal modo que unos oyentes carentes de interés se conviertan en cristianos misioneros? Debería trabajar con tres conceptos:

ALIENTO	DISCERNIMIENTO	VOCACIÓN
Confía en la capacidad de los participantes de hacer cosas... Sácalos de la actitud de consumidores... Encárgales tareas... Fortalécelos... Explícales que la Iglesia no es una institución para la atención de sus miembros... Diles que ellos «son» Iglesia...	Solo reconocerás las fortalezas y debilidades cuando hayas dado aliento a los participantes... Préstales tu servicio a través del discernimiento... Enséñales a reconocer sus carismas... Dales tareas en los puestos adecuados... Cada integrante del grupo tiene algo que Dios le ha regalado para todos...	Asómbrate del modo en que de una aburrida Iglesia de «profesionales» surge una Iglesia en la que florecen muchas vocaciones y surge una gran riqueza...

Anexo TTT 8

La casa de la fe
Un juego con el grupo

Meta

▶ Conocer los servicios fundamentales de la Iglesia:

- ➡ Martyría = enseñanza, testimonio
- ➡ Diakonía = servicio a los pobres
- ➡ Koinonía = comunidad en la fe
- ➡ Leitourgía = alabanza de Dios, culto a Dios, oración.

▶ Comprender mejor toda la riqueza de la Iglesia.

▶ Ejercitarse en el hablar sobre la fe.

Enfoque metodológico

▶ La Iglesia se representa como una casa que examinamos a fin de habitarla y de sentirnos a gusto en ella.

▶ La casa está habitada por Dios. Nosotros estamos invitados a entrar en ella como huéspedes suyos.

▶ Hay distintas entradas, que tienen que ver con las preferencias personales: uno se interesa más por la doctrina de la Iglesia, otro ama la liturgia, un tercero se interesa sobre todo por el servicio a los pobres.

▶ Todos conocen algo de la riqueza de la Iglesia, pero a cada uno de ellos también le falta algo.

Preparación

▶ Cuatro líderes (catequistas) que saben lo que es martyría, diakonía, koinonía y leitourgía.

▶ Otros 8, 12, 16, 20 participantes.

Continuación Anexo TTT 8

Preparación

Se marcan cuatro campos. Uno grande —el jardín delantero, donde todos tienen que tener cabida— y cuatro más pequeños (en cada uno de los cuales cabe una cuarta parte de la gente). Se marcan las divisiones con tiza en el asfalto, con un palo en la arena o con cinta adhesiva en una sala. Tengan presente que se requieren superficies grandes.

Requerimiento de tiempo

Se trata de un juego para cuyo desarrollo se puede prever tranquilamente medio día; por lo menos, una tarde.

Desarrollo del juego

Al principio, todos están fuera de las superficies marcadas.

El director del juego: Se trata de un juego en el que pueden descubrir lo que se requiere si se quiere pertenecer a Cristo. Es como cuando se entra en una casa. Entren en esa superficie grande. Es, en cierto sentido, el jardín delantero.

Siéntense en el suelo. Escuchen ahora versos de un canto que tiene ya 3000 años de antigüedad:

«Como la cierva sedienta
busca las corrientes de agua,
así mi alma suspira
por ti, mi Dios.
Mi alma tiene sed de Dios,
del Dios viviente:
¿Cuándo iré a contemplar
el rostro de Dios?» (Salmo 41).

Continuación Anexo TTT 8

Silencio

El director del juego: Intercambia ahora un minuto con el que está a tu lado. La pregunta es: ¿Por qué quisieras entrar en la casa de Dios?

El director del juego: Ahora imagínense que la casa tiene cuatro espacios. Nos repartimos enseguida en los cuatro espacios. Pero antes tengo que explicarles algo:

▶ **Espacio 1:** se llama MARTYRÍA. Esto es para gente inteligente que esté interesada en la doctrina de la Iglesia. Les gusta defender la fe, convencer a otros sobre Dios. Esto es importante: un cristiano que no conoce su fe tampoco puede defenderla ni ganar a otros para ella. Y tampoco atravesará el fuego por la fe.

▶ **Espacio 2:** se llama DIAKONÍA. Es para gente tocada por el amor de Cristo a los pobres. Un cristiano que no encuentra a Cristo en las necesidades, en la pobreza y en la debilidad del prójimo no lo encuentra tampoco en el pan de la eucaristía.

▶ **Espacio 3:** se llama LEITOURGÍA. Es para gente que ama la liturgia y la santa misa, a la que le agrada entonar la alabanza o busca a Dios en la adoración. Un cristiano que no hace oración es como un pez en terreno seco que da discursos sobre el agua.

▶ **Espacio 4:** se llama KOINONÍA. Es para gente que busca en la Iglesia sobre todo la comunión con Dios y con los demás y que también quiere regalar a otros ese cobijamiento y acogimiento. Un cristiano que busca la salvación solamente para sí y que no vive de y para los demás no es un verdadero cristiano.

¿Han encontrado ya su preferencia personal?

Pero ahora no los separaremos según sus preferencias, sino simplemente de forma aleatoria. Que cada uno vaya a alguno de los cuadrados, de modo que en cada uno de ellos haya una cantidad importante de participantes.

▶ El catequista de MARTYRÍA tiene ahora diez minutos de tiempo para entusiasmar a su gente en el sentido de que la MARTYRÍA es lo más importante en la Iglesia. Pertrecha a su gente con pasajes bíblicos, citas de santos, etc. Lo mismo sucede también en los otros grupos.

Continuación Anexo TTT 8

▶ El grupo tiene quince minutos para desarrollar en común estrategias de argumentación con las cuales convencer a los otros grupos.

▶ Cada grupo escoge a tres portavoces, que tienen que tratar de conquistar a todos los demás para su grupo: **«Vengan a nuestro grupo… lo que hacemos aquí es lo más importante…»** y entonces utilizan los argumentos más fuertes de que disponen.

▶ Pero los otros tres grupos tienen también la misma posibilidad: **«Vengan a nuestro grupo… lo que hacemos aquí es lo más importante…»** y entonces utilizan los argumentos más fuertes de que disponen.

Conclusión

Al final dice el director del juego: **ahora decidan a qué cuarto pertenecen.**

▶ Es posible que muchos participantes vayan al cuarto de KOINONÍA… Allí hay sobreabundancia de gente… y en el cuarto de LEITOURGÍA no hay nadie. O bien, todos van masivamente al cuarto de MARTYRÍA y casi nadie se interesa por la DIAKONÍA.

El director del grupo imparte ahora una **gran catequesis:**

▶ Hay muchos cristianos «de cuarto»:
▶ los que solo quieren hablar sobre teorías;
▶ los que se interesan solamente por lo social;
▶ los que solamente quieren pasarlo bien;
▶ los que solamente quieren ser piadosos y no se interesan por nada más.
▶ Sin embargo, ser **católico** significa ser «universal». Entrar en todos los espacios de la casa, examinar uno tras otro, descubrir su belleza, morar en él…
▶ **… y en todos reconocer a Cristo.**
▶ A cada uno le es lícito tener sus entradas a la casa de Dios, sus carismas, sus preferencias.
▶ No es preciso ser perfecto en todas las disciplinas.
▶ Qué bueno es que seamos distintos. Tenemos que complementarnos y apoyarnos.
▶ Inadmisible: desvalorizar otras entradas.

▼ ANEXO TTT 9

La catequesis de los monigotes

Dios, Padre misericordioso, que reconcilió consigo al mundo por la muerte y la resurrección de su Hijo y derramó el Espíritu Santo para la remisión de los pecados, te conceda, por el ministerio de la Iglesia, el perdón y la paz. Y yo te absuelvo de tus pecados en el nombre del Padre y del Hijo y del Espíritu Santo.

▼ Anexo TTT 10

El principio tándem

El principio tándem es uno de los principios constructivos más importantes del discipulado. Los discípulos son llamados y enviados por Jesús. Lo característico consiste en que Jesús llama a los discípulos **individualmente**, pero los envía **de dos en dos**.

«Después de esto, el Señor designó a otros setenta y dos, y los envió de dos en dos para que lo precedieran en todas las ciudades y sitios adonde él debía ir» (Lc 10,1).

Lo peculiar en Lucas 10,1 es, además, la segunda parte de la frase: «... adonde él debía ir». Es decir:

▶ La misión es **preparación** para aquello que Jesús mismo quisiera hacer y no puede hacer solo. Este es el primer gran alivio.

▶ El segundo alivio es: desde el comienzo mismo Jesús rompe la dificultad de la **soledad** en la misión. Convierte la misión en un encargo a compañeros, en un asunto a realizar en amistad. Por lo tanto, misión es una tarea comunitaria, un trabajo en tándem.

▶ Dos quiere decir *por lo menos* dos.

▶ El «otro» puede ser, por ejemplo, el mejor amigo o la mejor amiga; pero puede ser también una persona de la que solo yo sé que está apasionada por el mismo ideal, por el mismo sueño: llevar a Jesús a los seres humanos.

▶ Si ustedes se han decidido a hacer, de a dos o de a tres, algo hermoso por Dios y por los seres humanos, hagan primeramente oración, para que tengan la seguridad de que al Señor le agrada lo que están planeando y para que él les regale su fuerza y sus dones.

¿Qué se podría emprender en clave de misión en tándem?

▶ **Dos** leen juntos los Hechos de los Apóstoles y se dejan inspirar por la Sagrada Escritura y por el Espíritu de Dios acerca de lo que podrían hacer para dar testimonio de su fe.

▶ **Dos** fundan juntos un círculo de oración para generar un despertar en su comunidad cristiana o en su comunidad de fe.

▶ **Dos** invitan a jóvenes para hacer con ellos un viaje a un evento espiritual.

▶ **Dos** organizan una *nightfever* (https://nightfever.org/es/) u otra forma de adoración.

▶ **Dos** organizan un GRUPO DE ESTUDIO YOUCAT o un curso Alpha.

▶ **Dos** organizan con amigos un «campamento de fe» (mitad vacaciones, mitad formación en Biblia y catequesis).

▶ **Dos** graban un videoclip con contenidos cristianos.

▶ **Dos**…

En tándem existen innumerables posibilidades de hacer algo por Dios y por las personas. Lo importante es que «misión» es algo que se da en comunidad y que conduce a nueva comunidad.

Qué es lo que se puede **realizar en comunidad por el reino de Dios** lo demuestra una historia que se cuenta sobre Teresa de Jesús y Juan de la Cruz. Tras su conversión en 1554, Teresa, que ya no era tan joven y estaba enferma, estaba llena de celo por la acción. Su acompañante espiritual, Juan de la Cruz (que era más joven), quedó hondamente conmocionado ante su increíble dinamismo: «Teresa, piensa que estás sola». Teresa respondió: «Si vienes conmigo, ya somos dos». La historia de la Iglesia tiene toda una cantidad de ejemplos en los que algo se inició a través de una relación entre dos, p. ej., Benito de Nursia y su hermana Escolástica, Francisco y Clara de Asís, o Francisco de Sales y Juana Francisca de Chantal. De Felipe Neri se transmite esta frase asombrosa: «Denme diez personas desinteresadas: eso me basta para convertir con ellas el mundo entero».

Explicación de conceptos importantes

Acto generador primordial de la Iglesia
Significa que la catequesis se encuentra al comienzo de los procesos eclesiales: la catequesis transforma a las personas y engendra a la comunidad de la Iglesia.

Communio
Es una palabra latina que significa «comunidad», «comunión». Para el Concilio Vaticano II fue una de las palabras más importantes. Se descubrió qué importante es para la Iglesia el aspecto de la comunión con Dios y con los seres humanos. La Iglesia es instrumento y signo de salvación para todos los seres humanos.

Comunidad cristiana territorial
Designa la comunidad de los fieles que pertenecen a un territorio determinado y que está asignada al cuidado pastoral de un sacerdote.

Concilio de Trento
El Concilio de Trento tuvo lugar de 1545 a 1563. La ocasión inmediata de su convocación fue la necesidad de reaccionar a los reclamos y las enseñanzas de la Reforma.

Concilio Vaticano II
El Concilio Vaticano II tuvo lugar del 11 de octubre de 1962 al 8 de diciembre de 1965. El Vaticano II tuvo una gran significación para la autocomprensión y la praxis de la Iglesia. Se trataron en él temas fundamentales como «¿Qué es la Iglesia?», «¿Qué es el ecumenismo?», «¿Cómo debe comportarse la Iglesia frente al mundo?».

Conditio sine qua non
Por una *conditio sine qua non* se entiende una condición necesaria, un requisito imprescindible.

Contrarreforma
Designa la época en que la Iglesia católica reaccionó a la Reforma impulsada por Martín Lutero con un intento de reformarse a sí misma. Esto se dio a menudo en una delimitación polémica respecto de la Reforma protestante y en una exageración de los propios contenidos.

Didaché
Término griego que significa «enseñanza» y está tomado de un escrito del cristianismo primitivo que llevaba por título ese mismo nombre: «Enseñanza de los Doce Apóstoles». Significa simplemente la doctrina de la Iglesia.

Dinámica centrípeta
Referencia a una dinámica que conduce hacia el centro. Lo contrario es una dinámica que impulsa hacia fuera, designada como «centrífuga».

Docibilitas
Es la capacidad de aprender, la disposición a recibir enseñanza.

Eclecticismo
Proviene del griego *eklektós*, que significa «escogido», elegido, y designa el procedimiento de escoger al azar elementos de sistemas acabados en sí mismos y colocarlos en contextos de sentido en los que no encajan. Por ejemplo: alguien introduce en la fe de la Iglesia el concepto asiático de la transmigración de las almas.

Era posconstantiniana
Designa la época posterior al giro constantiniano, en el cual el cristianismo pasó a ser la religión oficial del Estado romano (393). A partir de entonces, la confesión pública de la fe en Cristo no podía ya costarle a uno la vida, sino que a menudo formaba parte de la razón de Estado.

Filtros antropológicos

Cuando se filtra del Evangelio solamente algo que le gusta a la gente o que no molesta, se utilizan filtros antropológicos. *Ánthropos* (hombre) y *lógos* (doctrina, ciencia) son dos conceptos griegos.

Hermenéutica

Significa «doctrina de la comprensión»; designa el arte de una interpretación de textos basada en principios firmes.

Kerigma

Proviene del griego y significa «mensaje». Designa el anuncio del Evangelio, en especial, la buena noticia de la cruz y la resurrección de Jesús. El kerigma es el núcleo del conocimiento de Jesús. En la Iglesia antigua era la condición para ser admitido al bautismo.

Martyria

Proviene del griego y significa «testimonio». El concepto designa sobre todo el anuncio y la difusión del Evangelio y, junto con *koinonía* (comunidad), *leitourgía* (oración) y *diakonía* (servicio a los pobres), integra los cuatro servicios fundamentales de la Iglesia.

Motu proprio

Designa una carta apostólica promulgada por el Papa con efectos jurídicos vinculantes.

Oktroy, impuesto

Por «oktroy» se entiende una medida arbitraria impuesta desde arriba.

Presbiterio

Designa la comunidad de los sacerdotes de una diócesis, presidida por un obispo.

Relectura

Significa volver a leer un texto. No implica solamente el acto de leer, sino la disposición a comprender de nuevo el texto desde cero.

Secularización

Describe el proceso social de apartamiento de la religión. Los valores y normas religiosos así como sus contenidos de sentido son reemplazados por contenidos no religiosos.

Sinodalidad

Forma para los procesos de decisión en la Iglesia. Una auténtica sinodalidad no debe confundirse con parlamentarismo y con procesos de decisión democráticos, en los que la mayoría triunfa sobre la minoría. Sinodalidad significa la escucha comunitaria del Espíritu Santo respetando la importancia normativa de la Sagrada Escritura y del magisterio de la Iglesia.

Vademécum

Del latín (con el significado de «ve conmigo»), designa un libro pequeño, manejable, que se puede llevar consigo y que resulta útil en las más variadas situaciones. En su sentido más amplio se designan como vademécums los manuales, compendios y guías prácticas.

Notas

[1] DC 135.

[2] DC 135 b.

[3] DC 135 e.

[4] Papa Pablo VI, CP 11.

[5] Papa Francisco, EG 14: «Todos tienen el derecho de recibir el Evangelio. Los cristianos tienen el deber de anunciarlo sin excluir a nadie, no como quien impone una nueva obligación, sino como quien comparte una alegría, señala un horizonte bello, ofrece un banquete deseable».

[6] EG 119-121.

[7] Pablo VI, EN 41, citando un discurso suyo a los miembros del *Consilium de Laicis* del 2 de octubre de 1974.

[8] EG 165: «No hay que pensar que en la catequesis el kerigma es abandonado en pos de una formación supuestamente más "sólida". Nada hay más sólido, más profundo, más seguro, más denso y más sabio que ese anuncio. Toda formación cristiana es ante todo la profundización del kerigma que se va haciendo carne cada vez más y mejor, que nunca deja de iluminar la tarea catequética, y que permite comprender adecuadamente el sentido de cualquier tema que se desarrolle en la catequesis».

[9] Según la enseñanza de Juan Pablo II en CT 20, la catequesis consiste «en desarrollar, con la ayuda de Dios, una fe aún inicial, en promover en plenitud y alimentar diariamente la vida cristiana de los fieles de todas las edades. Se trata, en efecto, de hacer crecer, a nivel de conocimiento y de vida, el germen de la fe sembrado por el Espíritu Santo con el primer anuncio y transmitido eficazmente a través del bautismo».

[10] Juan Pablo II describió «el fin definitivo de la catequesis» como «poner a uno no solo en contacto sino en comunión, en intimidad con Jesucristo: solo él puede conducirnos al amor del Padre en el Espíritu y hacernos partícipes de la vida de la Santísima Trinidad» (CT 5).

[11] El nuevo Directorio para la Catequesis, del 23 de marzo de 2020, también insiste en que «la íntima comunión con Cristo —señalada por el magisterio anterior como objetivo último de la propuesta catequética— no solo se considere como un valor en sí, sino que se tenga en cuenta el proceso de acompañamiento que supone» (DC 3).

Abreviaturas

AM Papa Francisco, ANTIQUUM MINISTERIUM

CT Papa Juan Pablo II, CATECHESI TRADENDAE

CV Papa Francisco, CHRISTUS VIVIT

CP Papa Pablo V, COMMUNIO ET PROGRESSIO

DC Directorio para la catequesis

EN Papa Pablo VI, EVANGELII NUNTIANDI

EG Papa Francisco, EVANGELII GAUDIUM

FD Papa Juan Pablo II, FIDEI DEPOSITUM

[12] La catequesis «inicia [a los creyentes que la reciben] en el conocimiento de la fe y en el aprendizaje de la vida cristiana, favoreciendo un camino espiritual que provoca un "cambio progresivo de actitudes y costumbres" (*Ad gentes* 13)», dice ya el Directorio General para la Catequesis del año 1997, 56 c.

[13] EG 273.

[14] EG 173.

[15] El Directorio para la Catequesis menciona expresamente en el punto 62 el catecumenado al hablar de una «inspiración catecumenal de la catequesis». El papa Francisco no se cansa de clamar por un catecumenado del matrimonio: antes de recibir el sacramento del matrimonio se necesita «una cuidadosa preparación, diría un catecumenado, porque se juega toda la vida en el amor, y con el amor no se bromea. No se puede definir como "preparación al matrimonio" a tres o cuatro conferencias en la parroquia; no, esta no es la preparación: esta es una falsa preparación. [...] La preparación debe ser madura y requiere tiempo. No es un acto formal: es un sacramento. Pero se debe preparar con un verdadero catecumenado» (Audiencia general del 24 de octubre de 2018).

[16] San Benito de Nursia, *Regla de los monjes* III, 3.

[17] EG 120.

[18] Pioneros en este punto fueron especialmente Karl Rahner y Paul Tillich.

[19] Documento de trabajo del Sínodo Común de los obispados de Alemania «Das katechetische Wirken der Kirche» (1974), p. 41.

[20] Papa Francisco, Homilía en la isla de Gozo, 2 de abril de 2022.

21 EG 164. En otra ocasión dijo el papa Francisco: «El primer anuncio equivale a subrayar que Jesucristo muerto y resucitado por el amor del Padre da su perdón a todos sin distinción de personas, si tan solo abren sus corazones para dejarse convertir» (18 de septiembre de 2018, Videomensaje del Papa a los participantes en el Congreso Internacional sobre «El catequista, testigo del misterio»).

22 Raniero Cantalamessa, «Jesucristo es Señor», en íd., *La fuerza de la cruz*, Burgos 2004, p. 6.

23 Maximilian Oettingen, en: Hartl – Wallner – Meuser, *Mission Manifest*, Friburgo de Brisgovia 2018, p. 123.

24 Papa Pablo VI, EN 14.

25 EG 273.

26 George Weigel, que traza una y otra vez las grandes líneas de la Iglesia, remitió recientemente en una entrevista al hecho de que el último Concilio «no ofreció él mismo la clave o las claves para su interpretación auténtica» —ni mediante un nuevo credo ni a través de nuevos dogmas, disposiciones canónicas o condenas doctrinales—, pero la interpretación auténtica del magisterio en relación con el Concilio por parte de los siguientes pontificados halló «su punto central y crucial» en el Sínodo Extraordinario de los Obispos de 1985, el cual enseñó que la "llave maestra" para el Concilio Vaticano II es la idea de Iglesia como *communio*, como comunidad de discípulos misioneros»: Georg Weigel, «Keine Neuerfindung der Kirche», entrevista en el periódico *Die Tagespost* del 6 de octubre de 2022, p. 17.

27 «No hay excusas que puedan distraer la atención de la responsabilidad que une a cada creyente con toda la Iglesia. El estrecho vínculo entre la evangelización y la catequesis es la peculiaridad de este Directorio. Este pretende proponer un camino en el que estén íntimamente unidos el anuncio del kerigma y su maduración. [...] Las tres partes de este Directorio para la Catequesis desarrollan, por lo tanto, el camino catequético bajo la primacía de la evangelización» (DC, Presentación, p. 13).

28 DC, Introducción, p. 24

29 Así lo exige también EG 169-173.

30 DC 55.

31 Papa Francisco, Carta apostólica en forma de *motu proprio Antiquum ministerium*, con la que se instituye el ministerio del catequista, 10 de mayo de 2021.

32 AM 3.

33 AM 5.

34 AM 5.

35 Los jóvenes no son simples receptáculos vacíos: son protagonistas e interlocutores que están activamente implicados en toda conversación o diálogo. Dice el papa Francisco en CV 174: «Los jóvenes quieren ser protagonistas del cambio».

36 EG 27.

37 AM 8: «Este ministerio posee un fuerte valor vocacional que requiere el debido discernimiento por parte del obispo y que se evidencia con el rito de institución. En efecto, este es un servicio estable que se presta a la Iglesia local según las necesidades pastorales identificadas por el ordinario del lugar, pero realizado de manera laical como lo exige la naturaleza misma del ministerio».

38 AM 6.

39 DC 53-54.

40 Martin Buber, *Yo y tú*, Barcelona 2017, p. 21.

41 Martin Buber, *Begegnung. Autobiographische Fragmente*, Heidelberg 1978, p. 10.

42 Ibíd., p. 21.

43 Papa Francisco, Homilía durante la santa misa de clausura del XV Asamblea General Ordinaria del Sínodo de los Obispos, 28 de octubre de 2018.

44 Martin Buber, *Yo y tú*, Barcelona 2017, p. 40.

45 Difícilmente haya después de Martin Buber un filósofo que haya desarrollado mejor esta reflexión que Byung Chul-Han. Dice este autor en su obra *La expulsión de lo distinto* (Barcelona 2022): «Un yo estable [...] solo surge en presencia del otro. La autorreferencia excesiva y narcisista, por el contrario, genera una sensación de vacío» (p. 38). «La escucha invita al otro a hablar, liberándolo para su alteridad. El oyente es una caja de resonancia en la que el otro *se libera hablando*» (p. 109). «Sin la presencia del otro, la comunicación degenera en un intercambio acelerado de información. No entabla ninguna *relación*, solo una *conexión* [...] Sin vecindad, sin escucha, no se configura ninguna comunidad. *La comunidad es el conjunto de oyentes*» (p. 115).

46 Cardenal Kurt Koch, «Eine Synode ist kein Parlament», en *Vatican-Magazin* 2/2021, p. 33.

47 Ibíd.

48 Ibíd.

49 El pedagogo y filósofo brasileño Paulo Freire (1921-1997) desarrolló un método al que dio el nombre de «pedagogía dialógica». Su concepción pedagógica prevé un encuentro entre sujetos en la búsqueda del saber. La base de la instrucción dialógica está dada por las preguntas de los alumnos. El método consiste en cinco pasos: 1) Conoce a tus alumnos. 2) No impongas tu saber.

3) Exige argumentos. 4) Actúa democráticamente. 5) Ve más allá de la disciplina de la asignatura. Dice Freire: «Nadie educa a nadie; nadie se educa a sí mismo; los seres humanos se educan entre sí con la mediación del mundo» (Paulo Freire, *Pedagogía del oprimido*, México-Buenos Aires 2005, p. 75).

[50] En internet, España: https://cursoalpha.es/; América Latina: https://pruebaalpha.org/home/. La idea de los cursos Alpha partió de una comunidad cristiana anglicana (Holy Trinity Brompton Church), en Londres. El curso estaba pensado conscientemente para personas ajenas a la Iglesia y a la fe que podían informarse en una atmósfera agradable y hospitalaria acerca de los fundamentos de la fe cristiana. Nicky Gumbel, un carismático que en 1990 asumió la conducción de esta iniciativa surgida en 1977, se preocupó de que la iniciativa, que entretanto había traspasado las fronteras confesionales, se extendiera al mundo entero. Actualmente hay unos 30 000 cursos Alpha en 152 países. El número de personas que han podido participar hasta ahora en estos cursos se eleva probablemente a unos siete millones.

[51] Cf. al respecto Hartl – Wallner – Meuser, *Mission Manifest*, Friburgo de Brisgovia 2018, p. 187.

[52] Ibíd., p. 187: «Si hay uno de los movimientos de despertar evangélico que se haya destacado por su fecundidad es el despertar en las pequeñas células, en los grupos domésticos y, con ello, la reprivatización, en cierto sentido también una desprofesionalización de lo cristiano. Cabe señalar que con ello no se está haciendo referencia a una retirada de lo cristiano del espacio público, sino a una nueva entrada de lo cristiano en el expropiado mundo privado, en círculos de oración, grupos de amigos, grupos de trabajo, círculos bíblicos y de diálogo, redes, comunidades de estudios, es decir, en formas de comunidad que se reúnen de forma privada y en magnitudes abarcables, centradas claramente en aquello que marca la diferencia: en Jesús, el Resucitado, que vive en medio de sus discípulos. La Iglesia doméstica es ante todo el lugar en el cual un cristiano se encuentra con el otro, donde surge el núcleo del grupo de los discípulos, un núcleo que posee en sí suficiente fuego como para que la amistad con Jesús conduzca a la apertura al otro, a ir hacia el otro».

[53] Cf. ibíd., pp. 183ss.

[54] John Henry Newman, *El asentimiento religioso*, Barcelona 2019, p. 94.

[55] Ibíd., p. 108.

[56] *Catecismo de la Iglesia católica. Compendio*, Madrid 2005.

[57] Ibíd., p. 8.

[58] Cardenal Karl Lehmann en la presentación del *YOUCAT* a la prensa alemana el 28 de marzo de 2011.

[59] Papa Benedicto XVI, «Prólogo» al *Catecismo joven de la Iglesia Católica YOUCAT*, Estella 2022, p. 9.

[60] Ibíd., p. 10.

[61] https://youcat.org/es/material-adicional/youcat-2/.

[62] El papa Francisco dice en CV 219: «Los jóvenes son capaces de guiar a otros jóvenes y de vivir un verdadero apostolado entre sus amigos».

[63] Para el *DOCAT* existe una aplicación propia, disponible actualmente en nueve idiomas, que familiariza de manera creativa a los jóvenes con la Doctrina Social de la Iglesia. Dice en la Introducción: «Con esta aplicación puedes leer el *DOCAT*, familiarizarte con la Doctrina Social a través de guías de estudio y obtener propuestas concretas para cambiar tu entorno» (https://youcat.org/es/docat-app/). En el futuro se dará acceso a la aplicación en más idiomas, para lo cual faltan de momento los medios.

[64] El papa Francisco reafirma la idea de la escucha en su mensaje para la Jornada Mundial de las Comunicaciones Sociales de 2016: «Escuchar significa prestar atención, tener deseo de comprender, de valorar, respetar, custodiar la palabra del otro. En la escucha se origina una especie de martirio, un sacrificio de sí mismo en el que se renueva el gesto realizado por Moisés ante la zarza ardiente: quitarse las sandalias en el "terreno sagrado" del encuentro con el otro que me habla (cf. Ex 3,5). Saber escuchar es una gracia inmensa, es un don que se ha de pedir para poder después ejercitarse practicándolo».

[65] Cf. Hartl – Wallner – Meuser, *Mission Manifest*, Friburgo de Brisgovia 2018, p. 189.

[66] El ejemplo más reciente es una iniciativa lanzada en Estados Unidos en enero de 2023 por el sacerdote estadounidense Mike Schmitz: «The Catechism in a Year». Esta iniciativa fue precedida por «The Bible in a Year». En colaboración con la editorial Ascension Press y con el teólogo Jeff Cavins, en enero de 2021 se colocó en la Red un *podcast* en el que, a lo largo de un año, se lee y comenta la Biblia en 365 fragmentos. En un lapso de pocos días, el *podcast* pasó a ocupar el primer puesto entre los *Apple Podcasts* (de todos los temas).

[67] *Frankfurter Allgemeine Zeitung* del 5 de febrero de 2022 sobre la afirmación del cardenal Reinhard Marx («El catecismo no es el Corán»).

[68] Juan Pablo II, FD, cap. 4.

[69] Dice el papa Francisco: «El Concilio es magisterio de la Iglesia. O estás con la Iglesia y, por tanto, sigues el Concilio; y, si no sigues el Concilio o lo interpretas a tu manera, como quieres, no estás con la Iglesia. A este respecto tenemos que ser exigentes, severos. [...] Por favor, ninguna concesión a los que intentan presentar una catequesis que no sea concorde con el magisterio de la Iglesia» (Discurso a los participantes en la reunión organizada por la Oficina Nacional de Catequesis de la Conferencia Episcopal Italiana, 30 de enero de 2021).

[70] Un intento de confrontar a diario a los jóvenes con la Sagrada Escritura y el catecismo es *YOUCAT Daily*, una aplicación que ofrece diariamente en seis idiomas el evangelio del día y un pasaje apropiado del *YOUCAT* o del *DOCAT* junto con una cita de algún santo o con un testimonio de jóvenes de todo el mundo. Existe en la aplicación una función de lectura en voz alta, se pueden compartir intenciones de oración, etc. Lo especial en ello es que casi ningún otro medio digital católico llega tan puntualmente al grupo destinatario de personas de entre 25 y 35 años. Baste señalar que 115 000 usuarios registrados están vinculados en la fe a través de *YOUCAT Daily*.

[71] A tal redescubrimiento exegético y eclesiológico ha contribuido especialmente Gerhard Lohfink en varias de sus obras, por ejemplo: Gerhard Lohfink, *¿Necesita Dios la Iglesia? Teología del pueblo de Dios*, Madrid 1999; o íd., *Jesús de Nazaret. Qué quiso, quién fue*, Barcelona 2013, donde dice: «¿Por qué es tan importante para Jesús el círculo de discípulos? [...] Los discípulos debían, como dice Marcos 3,14 a propósito de los Doce, "estar con él" siempre. La venida del reino de Dios no era una teoría, un dogma abstracto, una simple enseñanza, sino el inicio de una historia dramática. El reino de Dios pide una comunidad de destino, una forma de vida en la que este reino pueda llegar y hacerse visible. En el círculo de hombres y mujeres que siguen a Jesús, en su comunidad solidaria, en su convivencia, debe mostrarse que se ha iniciado ahora en medio de Israel una sección de la "sociedad nueva". Pero sobre todo, de esta manera los discípulos de Jesús son "testigos" del reino de Dios en trance de realización» (pp. 157-158).

[72] Dietrich Bonhoeffer, *El precio de la gracia. El seguimiento*, Salamanca [6]2004, p. 38.

[73] El papa Francisco habla en AM 5 de «la exigencia de metodologías e instrumentos creativos que hagan coherente el anuncio del Evangelio con la transformación misionera que la Iglesia ha emprendido».

[74] AM 6.

[75] La Casa St. Ulrich, ubicada en Hochaltingen, en la diócesis de Augsburgo, goza de gran fama como centro de nueva evangelización en Alemania y se comprende a sí misma como un «lugar en el que se posibilita una renovación de la fe y revitalización de la vida espiritual por medio de ejercicios espirituales, jornadas de fe, cursos para familias y seminarios». Cf. https://www.haus-st-ulrich.org.

[76] Papa Francisco, Discurso en un encuentro con el episcopado brasileño, 27 de julio de 2013.

[77] AM 5.

[78] Ibíd.

Créditos de las imágenes

Adobe Stock: Cubierta, 11, 17, 19, 21, 28, 29, 79; Cathopic: 25, 38, 45, 48, 50, 54, 86;
©EWTN.TV: Daniel Ibáñez: 33; flickr.com: 47; ©Getty Images: 71; gratisgraphics.com: 86;
Joshwin/YOUCAT India 40; Maria Francis/YOUCAT India 42; Neuer Anfang: 65; pexels.
com: 8, 57; pixabay.com: 86; Privadas: 11, 15, 16, 18, 21, 22, 23, 27, 39, 84; publicdo-
mainpictures.net: 86; pxfuel.com: 86; pxhere.com: 86; Roys Photography: 51; unsplash.
com: 13, 26, 32; ilustración de Jesús de vectorportal.com: 86; Wikimedia Commons: 31,
35, 36, 37, 79, 86, 97; YOUCAT Foundation 6, 52, 104

Agradecimientos

De izquierda a derecha: Prof. Thomas Möllenbeck (Alemania), Hna. Constance
Nsofwa FMA (Zambia), Michaela Heereman (Alemania), Maria Francis (India),
Bernhard Meuser (Alemania), P. Vijaykumar Monthu Machado (India), Johann
Rhee (Alemania), Obispo Dr. Franz-Peter Tebartz-van Elst, P. Glenn Magpusao
(Filipinas), Dr. Theresia Theuke (Alemania), Darlei Zanon (Brasil), P. Thomas
Varghese (India), Danilo Oliveira Luiz (Brasil), P. Benny Suwito (Indonesia), Luis
Enrique Delgado González (México)